高等学校"十三五"规划教材
经管类创新型实验实训系列
总主编 赵永亮

电子商务实务模拟

主 编 金 琳 张人杰

副主编 杜 渭

西安电子科技大学出版社

内 容 简 介

  本书是配合高等学校电子商务实验教学而编写的。针对电子商务实验环节的要求,本书通过博星卓越电子商务教学实验系统模拟实际操作,使学生对电子商务运营实务有具体的认识。书中还为学生提供了多种电子商务模式的实践方案,可提高学生的动手能力。本书主要内容有 CA 认证,电子商务 EDI,网上银行与支付,B2C、B2B 和 C2C 电子商务等。

  本书可供高等学校经济管理类专业作为电子商务实验教材使用,亦适用于职业院校电子商务、物流管理、市场营销等专业,也可作为电子商务师职业技能鉴定培训的教材或电子商务从业人员的参考书。

图书在版编目(CIP)数据

电子商务实务模拟 / 金琳,张人杰主编. —西安:西安电子科技大学出版社,2018.8
ISBN 978-7-5606-4981-8

Ⅰ. ① 电… Ⅱ. ① 金… ② 张… Ⅲ. ① 电子商务—高等学校—教材 Ⅳ. ① F713.36

中国版本图书馆 CIP 数据核字(2018)第 154198 号

策划编辑	高樱
责任编辑	高媛 雷鸿俊
出版发行	西安电子科技大学出版社(西安市太白南路 2 号)
电 话	(029)88242885 88201467 邮 编 710071
网 址	www.xduph.com 电子邮箱 xdupfxb001@163.com
经 销	新华书店
印刷单位	陕西天意印务有限责任公司
版 次	2018 年 8 月第 1 版 2018 年 8 月第 1 次印刷
开 本	787 毫米×1092 毫米 1/16 印 张 10
字 数	228 千字
印 数	1~3000 册
定 价	26.00 元

ISBN 978-7-5606-4981-8/F

XDUP 5283001-1

如有印装问题可调换

前　言

随着电子商务专业人才需求的迅猛增长，越来越多的高校开办了电子商务专业，期望培养出高素质、实用型的电子商务专业人才。电子商务专业的实践性非常强，教学中的实验环节是必不可少的。通过实验教学可帮助学生运用所学知识设计、制作电子商务各环节的解决方案。

在中国信息经济学会电子商务专业委员会和全国高等院校电子商务专业建设协作组的指导下，北京博导前程信息技术有限公司开发了博星卓越电子商务教学实验系统。该软件是在对现在高校电子商务专业教学各个环节仔细调研和分析后，按照该专业的教学大纲要求专项开发的，是为了满足该专业的不同实验环节而设计的。

本书由盐城工学院教材基金资助出版，配合电子商务实验教学而编写。针对电子商务实验环节的要求，本书以博星卓越电子商务教学实验系统为主要平台，通过对该软件系统的使用，让学生巩固所学知识，对电子商务的各个环节从分析、构建到具体实现等都有进一步的了解，并取得具体的实践经验，通过对软件的使用从而更加深入、具体地把握所学的专业知识并在具体的实践过程中将所学书本知识实用化、具体化，达到融会贯通的目的。本书主要内容包括 CA 认证，电子商务 EDI，网上银行与支付，B2C、B2B 和 C2C 电子商务等。

本书有以下特点：

(1) 以就业为导向，采用任务驱动型的编写方式，将不同的商务模式整合在同一套系统中，并且将银行、物流等按照现实情况加以整合统一，使得不同模式的子系统和公共子系统高度整合，达到了整体统一的效果，不但符合现实，而且加深了学生对流程的总体认识。

(2) 根据工作要求构建内容体系，借助精心设计的虚拟商务环境，配合基本的流程体验与详细的任务构建过程，为学生提供电子商务实践方案。

(3) 具有很强的参与性和实用性，学生在实验之前必须清楚实验的基本流程和电子商务的模式，而只有通过亲自分析流程才能真正参与并且完成整个实验，得到充分的实践锻炼。系统能进行分组方式的小组独立角色交互实验，也能进行单人独立角色变换方式的实验。

(4) 具有很强的操作指导性，紧密联系实际，并附有大量相关知识。通过上机练习，学生可以熟练掌握电子商务实际的操作技能，并对电子商务产生浓厚兴趣。

由于电子商务发展迅速，加之编者水平所限，书中可能还有不当之处，恳请广大读者批评指正。

编　者
2018 年 3 月

目　　录

第 1 章　电子商务软件认识 1

1.1　博星卓越电子商务实验系统使用介绍 1

1.2　实验一：熟悉电子商务软件 8

1.3　实验二：掌握简单的 B2C 购买流程 10

第 2 章　CA 证书 17

2.1　CA 概述 17

2.2　实验：CA 证书认知及应用 17

第 3 章　电子商务 EDI 25

3.1　EDI 概述 25

3.2　实验：学习电子数据交换 EDI 28

第 4 章　电子商务模拟银行子系统 33

4.1　网上银行概述 33

4.2　实验：网上银行初步实践 33

第 5 章　B2C 电子商务模拟 37

5.1　B2C 电子商务系统综述 37

5.2　B2C 电子商务实验系统使用介绍 37

5.3　实验一：B2C 正常消费流程 68

5.4　实验二：B2C 正常采购流程 79

5.5　实验三：B2C 预警采购流程 84

5.6　实验四：B2C 缺货购买流程 89

第 6 章　B2B 电子商务模拟 97

6.1　B2B 电子商务系统综述 97

6.2　B2B 电子商务实验系统使用介绍 97

6.3　实验一：B2B 正常购买流程 117

6.4　实验二：B2B 缺货购买流程 127

第 7 章 C2C 电子商务模拟 136

7.1 C2C 电子商务系统综述 136

7.2 C2C 电子商务实验系统使用介绍 136

7.3 实验一：C2C 一口价流程 144

7.4 实验二：C2C 拍卖流程 147

参考文献 152

第1章 电子商务软件认识

1.1 博星卓越电子商务实验系统使用介绍

电子商务教学实验系统作为传统的电子商务教学软件，通过模拟以 B2C、B2B、C2C 三种交易模式为主的电子商务活动及虚拟银行、物流中心等电子商务环境，使大家感受到电子商务的商业化应用过程，直观理解电子商务原理，了解一般应用过程，将实验业务与教学管理有机结合，从而满足电子商务教学网络化的需要，完成教学的认知性和验证性实验任务。

1. 学生注册

根据给定网址进入电子商务教学实验系统，首页如图 1.1.1 所示。

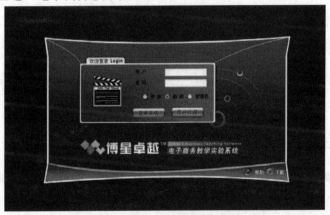

图 1.1.1　系统首页

单击"用户注册"按钮，弹出注册窗口，如图 1.1.2 所示。

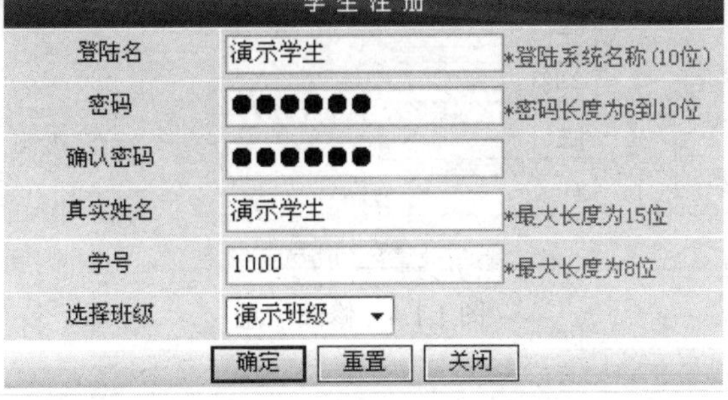

图 1.1.2　学生注册

输入登录*名、密码、确认密码、真实姓名、学号，并选择将要加入的班级，单击"确定"按钮，注册成功，等待教师激活。

2. 学生登录

在首页输入学生用户名及密码，选择类型为学生，单击"登录系统"按钮进入学生操作界面，如图 1.1.3 所示(学生以不同的角色进行登录)。

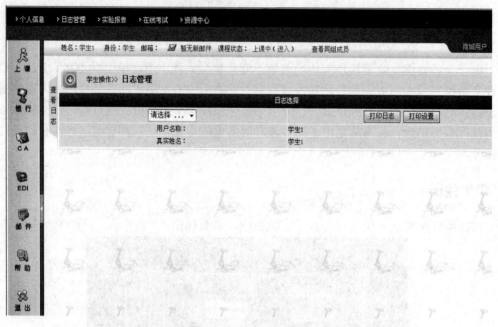

图 1.1.3　学生操作界面

3. 学生信息维护

在学生操作界面菜单栏中单击"个人信息"选项，学生可对自己的资料进行修改，如图 1.1.4 所示。

图 1.1.4　修改信息

---

* 注：软件界面中显示为"登陆"，这是软件本身的错误，正确者为"登录"。

4. 日志查看

在学生操作界面菜单栏中单击"日志管理"选项,学生可以查看自己在课程中的操作情况,如图 1.1.5 所示。

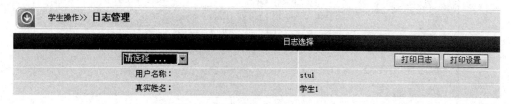

图 1.1.5　日志管理

在图 1.1.5 下拉框中选择想要查看的课程名称,可以查看课程中完成以及未完成的操作,如图 1.1.6 所示。

操作时间	得分标准	完成状态	操作描述
2006-03-13 15:43:09	注册B2C商城用户	完成	学生首次登陆到商城时,必须注册B2C商城用户,否则无法购买商品
2006-03-13 15:43:17	登陆商城	完成	在注册完成后,便可以登陆商城
2006-03-13 15:43:40	选购商品进购物车	完成	由商城用户通过各种方式选购商品进购物车
-----	删除购物车已有的一条商品	未完成	删除购物车中已有的一条商品
-----	清空购物车中所有商品	未完成	清空购物车中所有商品
-----	购物定单查询	未完成	其中包含处理中、已完成、处理中退货单、已完成退货单
-----	商品退货处理	未完成	将不满意的商品提交退货部处理
2006-03-13 15:43:59	手动支付定单成功	完成	手动的进入银行转帐支付
-----	自动支付方式	未完成	按照程序设定的自动支付方式
-----	简单查询商品	未完成	简单查询商品
-----	高级查询商品	未完成	按照各种条件进行商品查询
-----	按照分类选购商品	未完成	按照分类选购商品
2006-03-13 15:46:39	按照商品状态选购商品	完成	按照商品状态选购商品
-----	查看供应商资料	未完成	查看商城中已被激活的供应商资料
-----	查看新闻公告	未完成	查看新闻公告
-----	确认收货	未完成	确认收取自己定购的商品

图 1.1.6　日志详细信息

5. 实验报告

选择学生操作界面的"实验报告"选项,可以制作并管理实验报告。选择"实验报告制作"选项,进入图 1.1.7 所示界面。填写各种数据,完成后,单击"提交"按钮,将实验报告提交给老师,等待老师批阅。

添加实验报告
选择课程：
请选择 ...
测试
B2C
用户名称：
真实姓名：
报告名称：
学生1 的试验报告
浏览...
上传
段落格式
字体
字号
实验概述：
【实验目的及要求】
【实验原理】
【实验环境】（使用的软件）

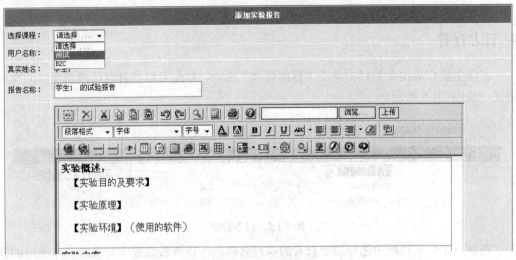

图 1.1.7 添加实验报告

选择“实验报告管理”选项，进入图 1.1.8 所示界面。

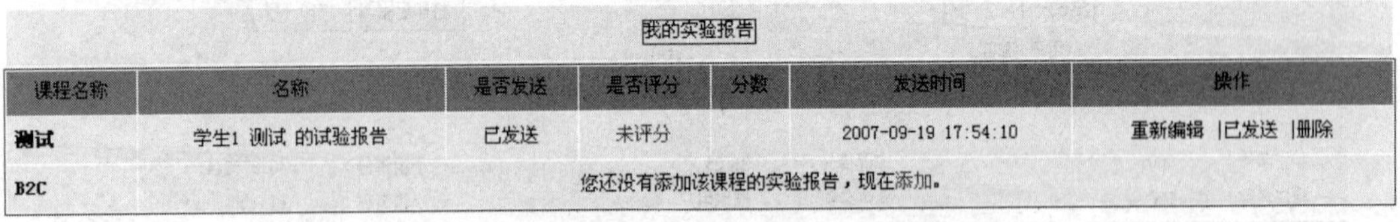

我的实验报告
课程名称
名称
是否发送
是否评分
分数
发送时间
操作
测试
学生1 测试 的试验报告
已发送
未评分
2007-09-19 17:54:10
重新编辑 |已发送 |删除
B2C
您还没有添加该课程的实验报告，现在添加。

图 1.1.8 我的实验报告

可以修改刚才添加的实验报告，并在老师评分后查看分数，如图 1.1.9 所示。

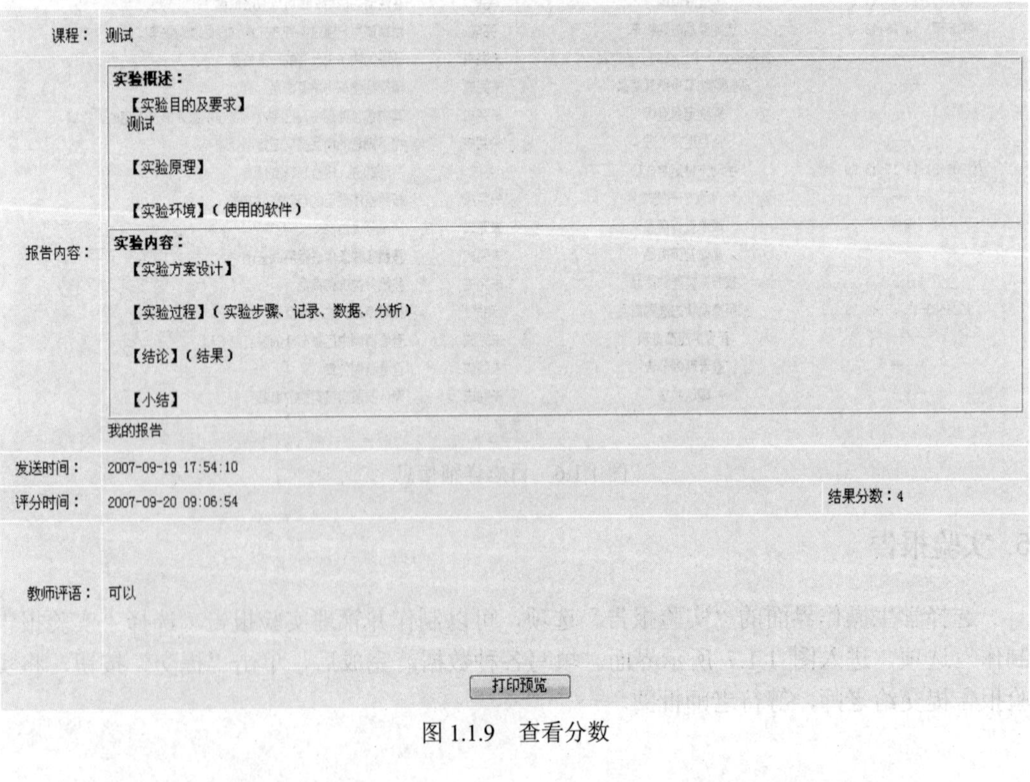

课程：测试
实验概述：
【实验目的及要求】
测试
【实验原理】
【实验环境】（使用的软件）
报告内容：
实验内容：
【实验方案设计】
【实验过程】（实验步骤、记录、数据、分析）
【结论】（结果）
【小结】
我的报告
发送时间：2007-09-19 17:54:10
评分时间：2007-09-20 09:06:54
结果分数：4
教师评语：可以
打印预览

图 1.1.9 查看分数

6. 在线考试

选择学生操作界面的"在线考试"选项，进入图 1.1.10 所示界面。

图 1.1.10　在线考试

学生可以进行在线练习、在线考试，并可以在考试后查看自己的分数。选择"在线练习"选项，进入图 1.1.11 所示界面。单击不同的课程、不同的练习题，选择相应的题目名称可进行在线练习。

习题菜单	题分类	通用题	练习题	总计题数
☐📁电子商务概论	填空题	5	0	5
☐📁综合试题1	单项选择题	5	0	5
☐练习1	多项选择题	5	0	5
☐练习2	判断题	0	0	0
☐📁综合试题2	名词解释	3	0	3
☐练习1	简答题	3	0	3
☐练习2	论述题	2	0	2
	作文题	0	0	0
	返回在线练习首页			

图 1.1.11　在线练习

选择"在线考试"选项，如果该学生所在班级的教师正在进行在线考试，则学生登录后提示"考试了，快进入考试"，进入图 1.1.12 所示界面。

图 1.1.12　在线考试

学生答完题目后，单击"提交"按钮，弹出的窗口如图 1.1.13 所示，试卷提交成功。

图 1.1.13 提交试卷

学生选择操作界面的"查看试卷"选项，进入图 1.1.14 所示界面。

试卷ID	试卷名称	简介
22	测试	查看

图 1.1.14 查看试卷

学生可以在此查看自己参加考试的所有试卷。单击试卷后面的"查看"按钮可查看详细答题情况。如果教师已经阅卷，则显示图 1.1.15 所示界面。

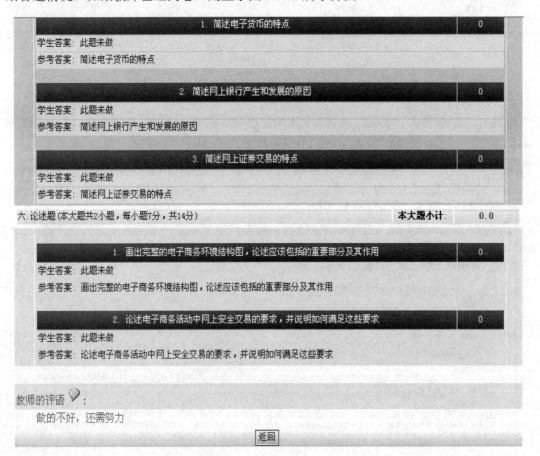

图 1.1.15 查看试卷分数

7. 邮件管理

在学生操作界面左边菜单栏中单击"邮件"按钮，如图 1.1.16 所示。

图 1.1.16 　邮件管理中心

单击"撰写"按钮，进入图 1.1.17 所示界面。

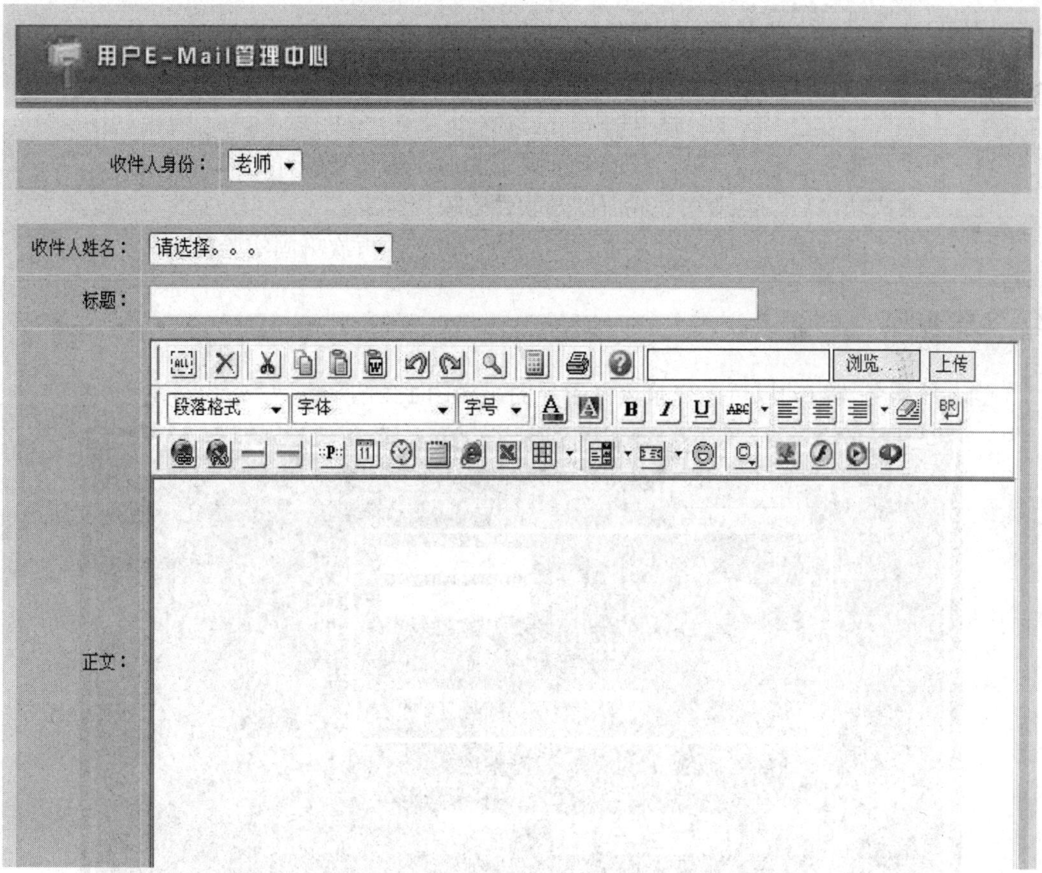

图 1.1.17 　撰写邮件

学生可以向各位老师和本班的其他同学发送 E-mail。在图 1.1.17 中选择收件人身份、收件人姓名，输入信件的标题及正文，单击"确定"按钮，E-mail 发送成功。

1.2　实验一：熟悉电子商务软件

1. 实验概述

　　博星电子商务教学实验系统可以模拟电子商务中 B2C、B2B、C2C 三种交易模式，并且提供教学资料、考试中心、虚拟银行、物流中心、EDI 数据交换中心等电子商务环境，是一个模拟了真实环境中操作流程的平台。本次实验主要初步了解系统的架构、模块，为后面的实验操作打下基础。

2. 实验目标

　　(1) 熟悉博星电子商务系统注册和登录的方法。
　　(2) 熟悉博星电子商务系统模块。
　　(3) 熟悉博星电子商务系统功能。

3. 实验任务

　　(1) 在系统服务器启动以后，按照老师要求注册，等待老师开通以后登录。
　　(2) 登录成功以后，熟悉软件界面以及软件的模块。
　　(3) 到在线考试模块中练习有关本次实验的知识点，再次巩固实验效果。

4. 实验步骤

　　当系统服务器启动以后，登录软件主界面，如图 1.2.1 所示。

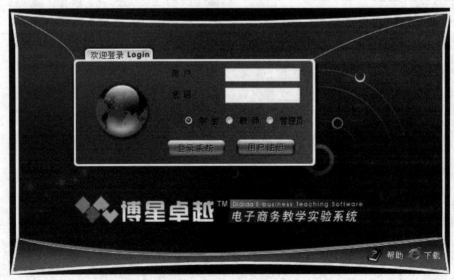

图 1.2.1　软件主界面

　　第一次登录的学生请单击"用户注册"按钮，按照提示单击"学生注册"按钮，填写登录名、学号等信息，选择班级，单击"确定"按钮即可注册成功，如图 1.2.2 所示。

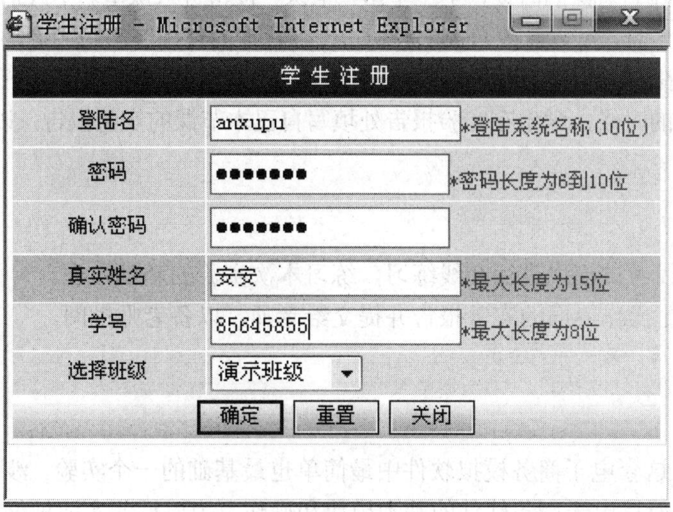

图 1.2.2　学生注册

　　注册成功以后，等待老师开通，成功开通后，就可以在主界面登录。登录成功后进入图 1.2.3 所示界面。

图 1.2.3　学生操作界面

可以看到，界面的上方有个人信息、日志管理、实验报告、在线考试和资源中心等选项，左侧有上课、银行、CA 等模块。

当老师部署好一节课的时候，学生单击"上课"按钮进入课堂。个人信息中包含自己注册的时候填写的信息，可以修改自己的密码。日志管理的使用方法是当老师开始一节课程的时候，学生可以在日志管理处查询自己的操作日志，以确定上课的每一项任务是否完成。当老师上完一节课的时候，学生在实验报告处填写自己本节课的实验报告，以备老师批阅。

5. 实验考核

(1) 进入在线考试模块进行在线练习，练习本次实验的基础知识。
(2) 填写学生操作界面的实验报告并提交给老师，以备老师批阅。

6. 实验总结

本次实验是这套电子商务模拟软件中最简单也最基础的一个实验，涉及的内容相对比较少，旨在熟悉博星电子商务软件的基本模块和操作，为以后的实验做好准备。大家可以利用课内外时间多学习并熟悉系统模块、系统功能。

1.3　实验二：掌握简单的 B2C 购买流程

1. 实验概述

电子商务广义的定义为使用各种电子工具从事商务活动。这个定义只是众多定义中的一种。从这个定义来看，电子商务一定要有电子工具参与商务活动，才能够被称为电子商务。目前应用比较广泛的能够被大多数人熟识的就是以消费者身份参与的 B2C 交易，比如当当网。本次实验是利用系统中的后台工具配置一个 B2C 网站，并通过浏览网站、注册用户等操作，熟悉一个电子商务网站的购买流程。

2. 实验目标

(1) 了解一个电子商务网站的布局。
(2) 了解怎样注册商城用户，体验系统中的商城。
(3) 了解怎样根据类别搜索产品。
(4) 了解怎样购买商品，熟悉电子交易的流程。

3. 实验任务

(1) 注册商城用户。
(2) 登录系统操作界面，了解网站布局。

(3) 查看商品类别，并根据类别搜索商品。

(4) 购买商品，体会系统中的电子交易。

(5) 到在线考试模块练习有关本次实验的知识点，再次巩固实验效果。

4. 实验步骤

以平常接触较多的 B2C 商城为例，当老师布置好一节 B2C 课程后，学生登录操作界面，单击"上课"按钮进入课堂，商城管理员角色的学生主要负责把商城布置好。

商城用户登录进入图 1.3.1 所示界面。

图 1.3.1　B2C 商城用户登录界面

单击左边的"注册"按钮进行 B2C 商场用户注册，如图 1.3.2 所示。

首先须注册银行账号，才能进行用户注册。单击"注册银行"按钮进入图 1.3.3 所示界面。

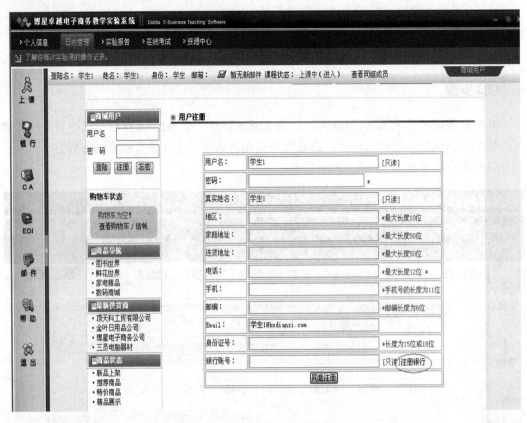

图 1.3.2　商城用户注册

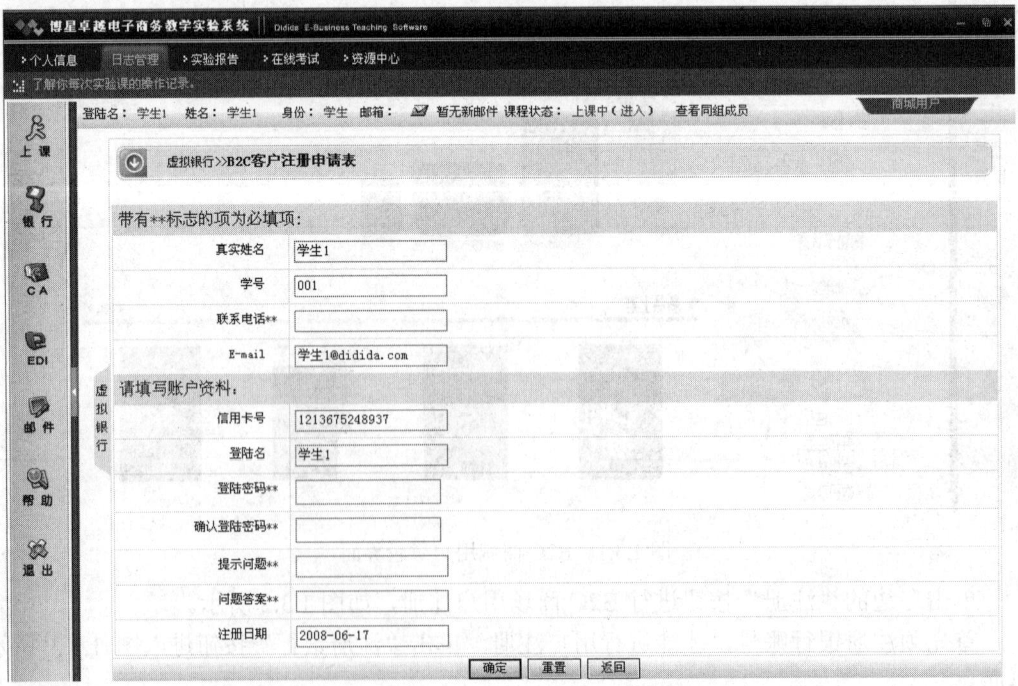

图 1.3.3　注册 B2C 银行

　　注册银行成功后，等待银行管理员开通自己的账号，方可注册 B2C 商城用户。成功注册后，返回首页登录。登录成功界面如图 1.3.4 所示。

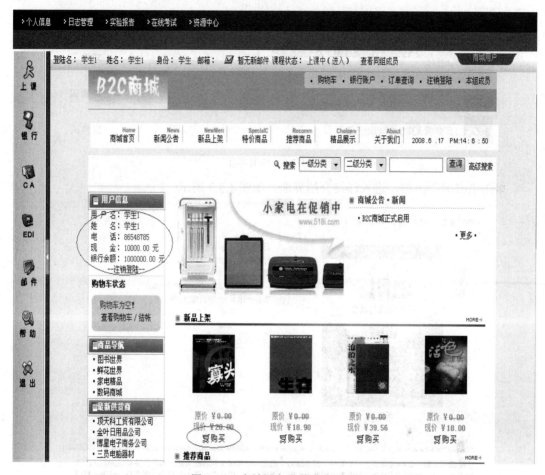

图 1.3.4　商城用户登录成功界面

　　首先了解 B2C 网站的整体布局，占去页面大部分地方的是商品展示区，分别为新品上架、推荐商品、特价商品、精品展示。这样的布局便于消费者方便地进行购买。

　　页面左边是商品导航，消费者可以根据商品类别来查找自己想要购买的商品。系统模拟的商品分类有图书世界、鲜花世界等，大类下又分为不同的小类，比如图书世界下分为经济、管理、小说等，在购买时可以选择查询或根据分类找到相应的商品。商品导航栏如图 1.3.5 所示。

图 1.3.5　商品导航

　　单击"图书世界"按钮，进入图书界面，如图 1.3.6 所示。

	名称:Adobe College Acrobat 6.0标准教材	原价:0.0元	现价:46.0元	写购买
名称:《电脑报》2003年合订本	原价:0.0元	现价:40.0元	写购买
名称:2005考研英语听力速成廊东方考研英语培训教材	原价:0.0元	现价:18.0元	写购买
名称:高考风向标.物理	原价:0.0元	现价:15.0元	写购买
名称:爱上背单词2.进阶关键词	原价:0.0元	现价:25.0元	写购买

图 1.3.6　图书界面

单击"书名"按钮，进入详细介绍界面，如图 1.3.7 所示。

■ 商城首页　>> 图书世界　>> 考试

高考风向标.物理
计量单位：　本
规格型号：　本
上架日期：　2004-07-07 00:00:00.0
商品产地：　光明日报出版社
原价：　¥0.0
现价：　¥15.0
△ 我要购买

放大◎

>> 商品介绍 <<

全新编写，新大纲新课标要求尽收其中，预测趋势，涵盖04年考试说明和高考题! 为了转变传统的封闭的学科观念，让学生有较强的独立思考能力和敢于创新的思想品质，强化学科能力，提高备考质量，给考生提供新颖、优质的训练试题，同时也全面反映"3+X"高考对各学科的最新考查特点及要求，我们特组织编写了这套《高考风向标考点解读与演练》丛书。

图 1.3.7　详情介绍界面

确定购买后单击"我要购买"按钮，进入购物车界面，如图 1.3.8 所示。

■ 购 物 车

商品名称	规格	数量	数量修改	单价	小计	取消	订购时间
高考风向标.物理	本	1	[修改]	15.0	15.0	[删除]	2004-08-16 13:29:53.0
--商品合计--					15.0		

| 📋 继续购买 | ✅ 定单查询 | ✉ 收银台付账 | 🗑 清空购物车 |

图 1.3.8　购物车界面

　　修改数量后可以选择继续购买、订单查询或直接到收银台付账，如果不想购买此商品，可以单击"删除"按钮从购物车里删除此商品。单击"收银台付账"按钮，进入付账模式选择界面，如图 1.3.9 所示。

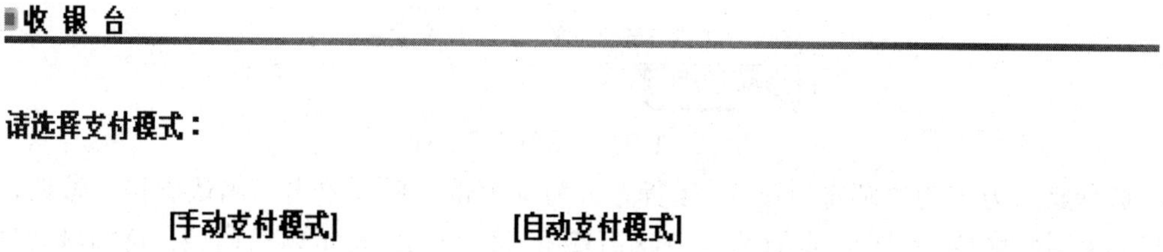

■收 银 台

请选择支付模式：

　　　　[手动支付模式]　　　　　　　　[自动支付模式]

图 1.3.9　支付模式

　　(1) 手动支付模式：单击"手动支付模式"按钮，进入手动支付模式界面，如图 1.3.10 所示。

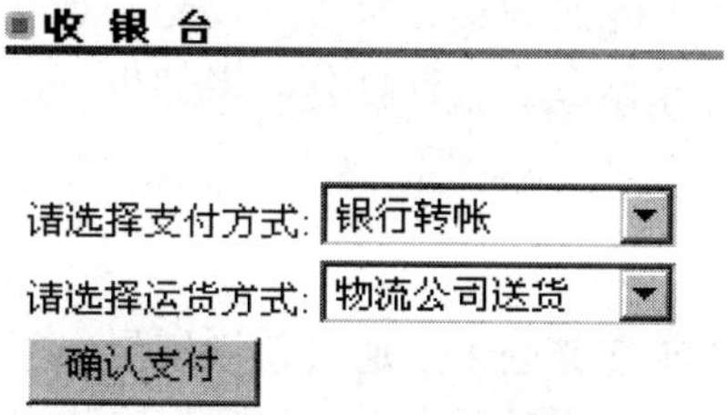

■收 银 台

　　请选择支付方式：银行转帐　　▼
　　请选择运货方式：物流公司送货　　▼
　　确认支付

图 1.3.10　手动支付模式界面

　　选择支付方式为"银行转账"，运货方式为"物流公司送货"后，单击"确认支付"按钮，进入银行支付界面如图 1.3.11 所示。

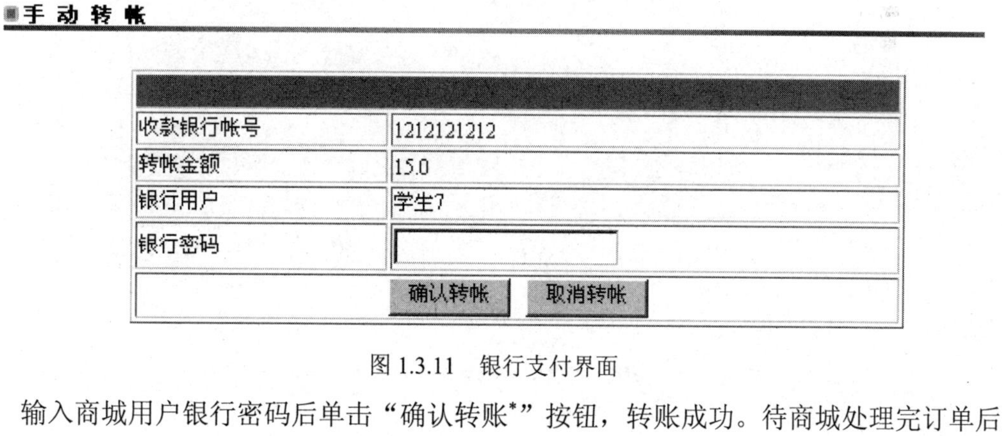

■手 动 转 帐

收款银行帐号	1212121212
转帐金额	15.0
银行用户	学生7
银行密码	
	确认转帐　　取消转帐

图 1.3.11　银行支付界面

　　输入商城用户银行密码后单击"确认转账*"按钮，转账成功。待商城处理完订单后，物流公司送货。

　　(2) 自动支付模式：单击"自动支付模式"按钮，进入自动支付模式界面，如图 1.3.12 所示。

_____

　　* 软件界面中显示为"转帐"，这是软件本身的错误，正确者为"转账"。

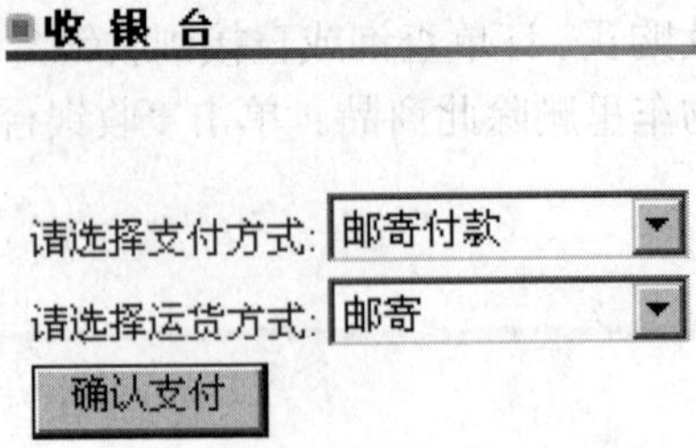

图 1.3.12　自动支付模式界面

　　选择支付方式为"邮寄付款",运货方式为"邮寄"后,单击"确认支付"按钮,进入自动支付转账成功界面,此种支付方式需要用户到邮局邮寄货款给商城,待商城处理订单后,将邮寄商城用户所购买的商品。至此,商城用户购买完成。

5. 实验考核

　　(1) 通过查询日志查看自己实验的完成情况。
　　(2) 完成实验以后,填写主界面的实验报告并提交给老师,以备老师批阅。
　　(3) 系统会根据所完成的操作自动进行打分,老师也可以对系统打分结果进行修改。

6. 实验总结

　　现实中的 B2C 网站已经非常普遍了。通过使用博星电子商务软件中后台部署的 B2C 网站,可以发现,网站前台界面能够对后台中的处理随时作出响应,便于商城中商品类别、商品名称等信息的管理;大家可以将商城随时随地部署成自己期望的样子,从而了解一个真实网站的后台是如何部署、如何搭建的;同时体会网上购物的过程,加深对电子商务网站的理解,达到本次实验的目的。

第 2 章　CA　证　书

2.1　CA　概　述

　　CA(Certificate Authority，证书授权)是由认证机构服务者签发，是数字签名的技术基础保障，也是网上实体身份的证明，能够证明某一实体的身份及其公钥的合法性，证明该实体与公钥二者之间的匹配关系。证书是公钥的载体，证书上的公钥与实体身份相绑定。现行的 PKI 机制一般为双证书机制，即一个实体应具有两个证书、两个密钥对，其中，一个是加密证书，一个是签名证书，而加密证书原则上是不能用于签名的。

2.2　实验：CA 证书认知及应用

1. 实验概述

　　在电子商务系统中，所有实体的证书都是由证书授权中心即 CA 中心颁发并签名的。一个完整的、安全的电子商务系统必须建立一个完整的、合理的 CA 体系。CA 体系由证书审批部门和证书操作部门组成。

　　本次实验主要了解 CA 认证的有关概念，并动手操作 CA 证书的制作、颁发等，更加深刻地了解 CA 认证的细节。

2. 实验目标

　　(1) 全面了解有关 CA 的各种概念，如数字签名、CA、PKI。

　　(2) 使用博星电子商务教学实验系统中的 CA 模块申请 CA 证书。

　　(3) 以管理员身份制作、颁发 CA 证书，最后查看安全站点。

3. 实验任务

　　(1) 登录系统操作界面，单击左侧的 "CA" 按钮进入 CA 安全中心。

　　(2) 查看关于 CA 的各个理论知识。

　　(3) 申请数字证书。

　　(4) 用管理员身份登录，制作 CA 证书。

　　(5) 导入证书，查看安全站点。

　　(6) 到在线考试模块练习有关本次实验的知识点，再次巩固实验效果。

4. 实验步骤

登录系统操作界面后，单击左侧的"CA"按钮，进入 CA 安全中心，如图 2.2.1 所示。

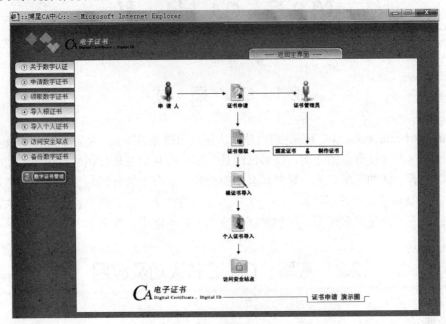

图 2.2.1　CA 安全中心

左侧"关于数字认证"是有关 CA 的理论知识，如图 2.2.2 所示。

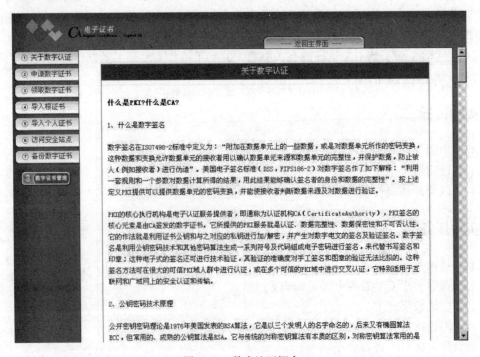

图 2.2.2　数字认证概念

"申请数字证书"中包括"个人数字证书 申请"和"个人数字证书 下载",如图 2.2.3
所示。

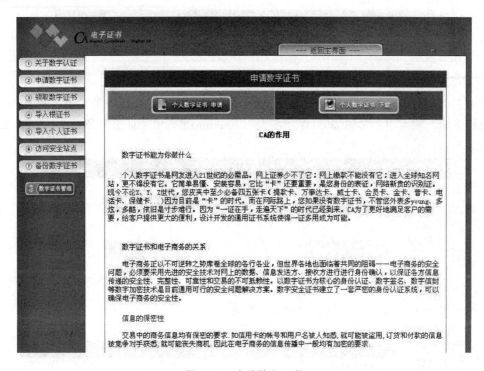

图 2.2.3　申请数字证书

单击"个人数字证书 申请"按钮,填写相关信息,如图 2.2.4 所示。(注意:由于数字
证书制作工具只识别英文与数字,申请时必须使用英文信息。)

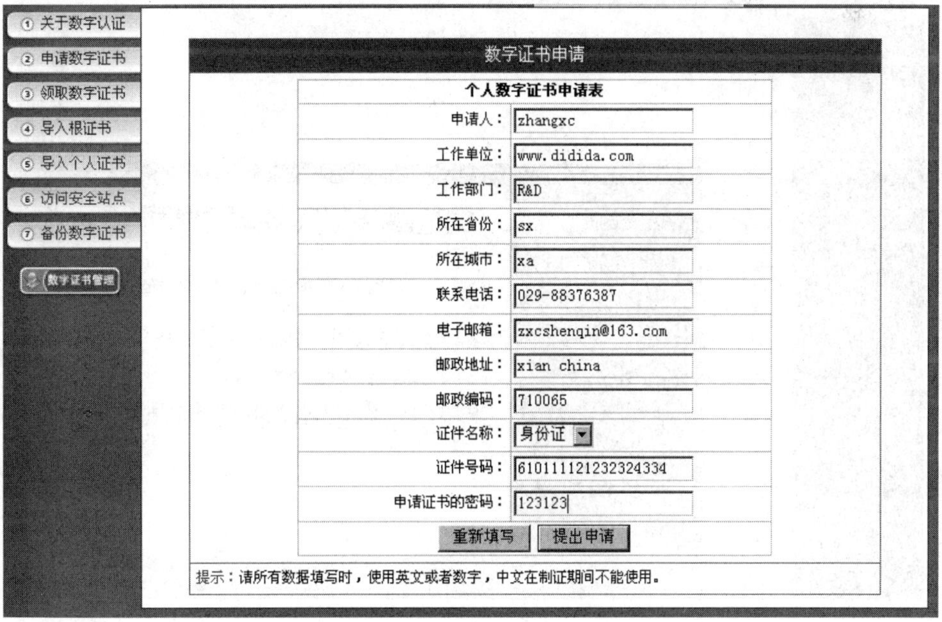

图 2.2.4　个人数字证书申请

填写完成后，单击"提出申请"按钮，等待审批和证书发放，如图 2.2.5 所示。

图 2.2.5　数字证书申请

单击"安全中心"界面左侧的"数字证书管理"按钮，CA 管理员对用户所申请的证书进行审核，输入用户名称(admin)、用户密码(admin)进入电子证书管理界面，如图 2.2.6 所示。

图 2.2.6　电子证书管理界面

单击"制作数字证书"按钮，如图 2.2.7 所示。

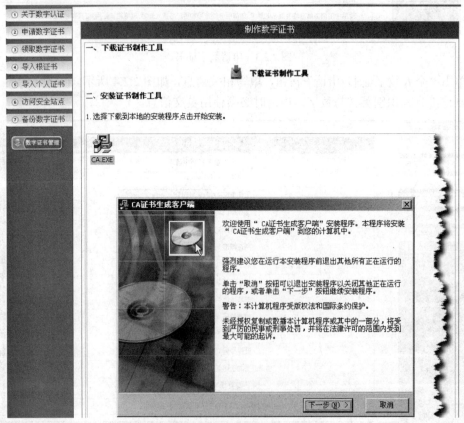

图 2.2.7　制作数字证书

单击"下载证书制作工具"按钮，弹出下载页面，将证书制作工具保存到本地计算机上。然后，进行安装。安装结束后，在桌面生成 图标，双击此图标，可生成 CA 证书，如图 2.2.8 所示。

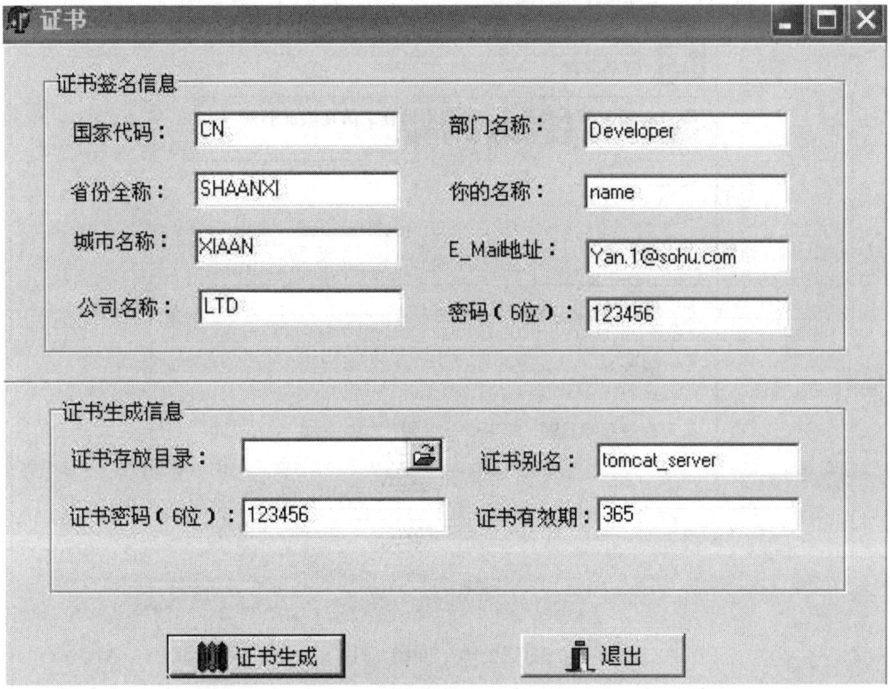

图 2.2.8 CA 证书生成

选择证书存放目录。(特别提示：证书存放目录的绝对地址中不能包含汉字、空格等特殊字符。否则，将导致证书制作失败！)选择正确的路径，系统弹出证书装载页面，按照提示完成操作，如图 2.2.9 所示。

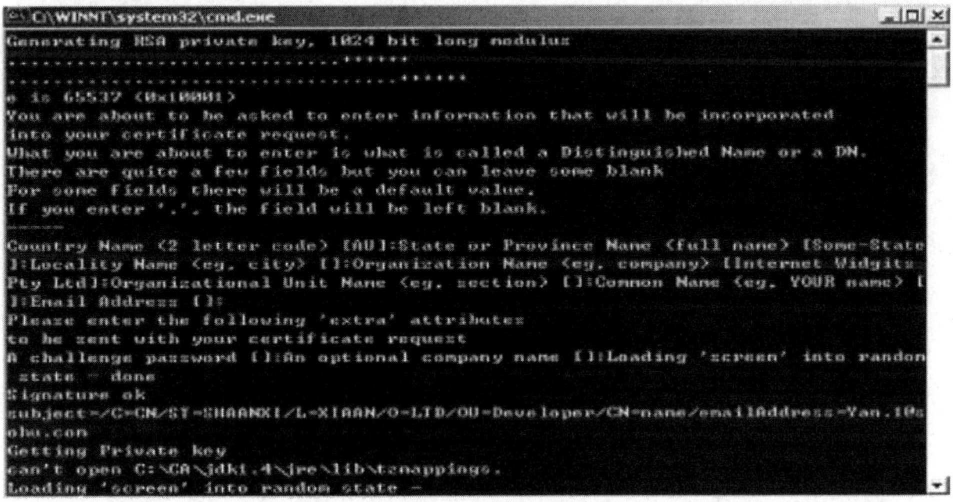

图 2.2.9 证书装载

装载完成后，弹出对话框，如图 2.2.10 所示，单击"安装证书(I)..."按钮，系统提示进入证书安装向导，按照提示，即可完成证书安装。

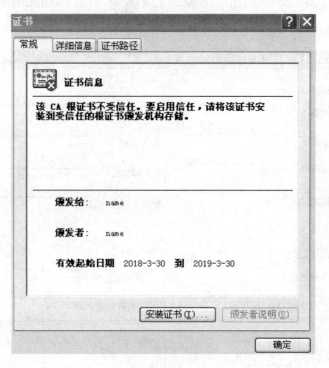

图 2.2.10　安装证书

证书安装完成后，在 Internet 属性中，选择标签"内容"，单击"证书"按钮，将所安装的证书导入，如图 2.2.11 所示。

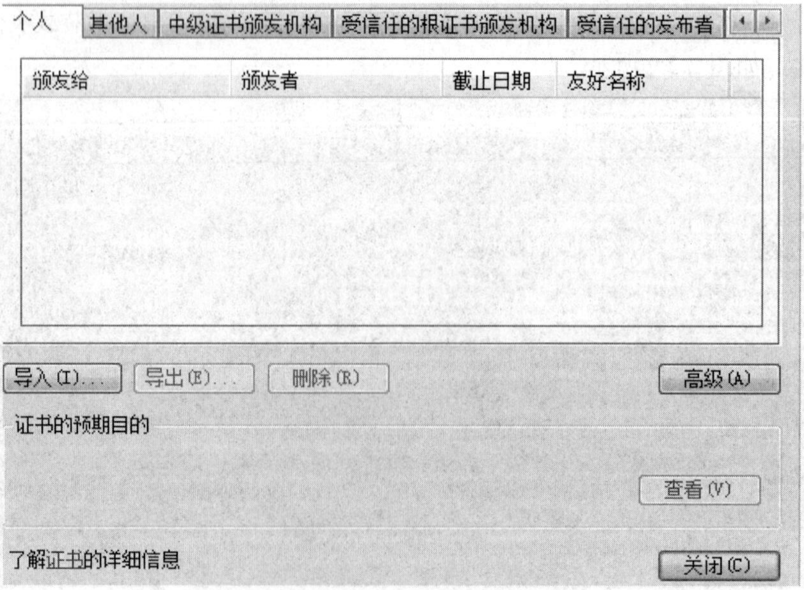

图 2.2.11　导入证书

单击"电子证书管理"界面中的"查看证书申请"按钮，对用户所申请的证书进行审核，如图 2.2.12 所示。

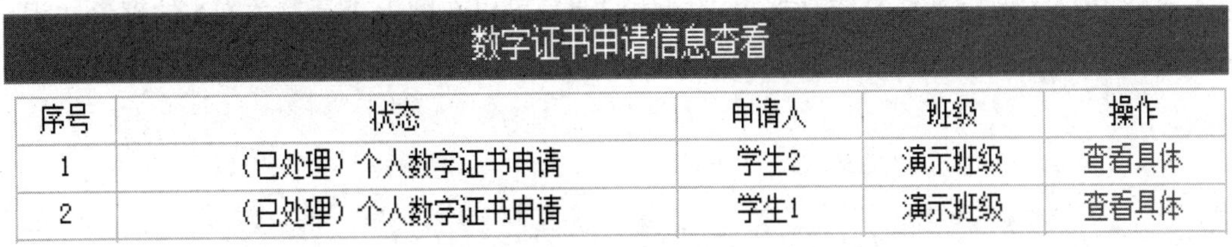

序号	状态	申请人	班级	操作
数字证书申请信息查看				
1	（已处理）个人数字证书申请	学生2	演示班级	查看具体
2	（已处理）个人数字证书申请	学生1	演示班级	查看具体

图 2.2.12　查看证书申请

单击"查看具体"按钮，进入证书详情界面，如图 2.2.13 所示。

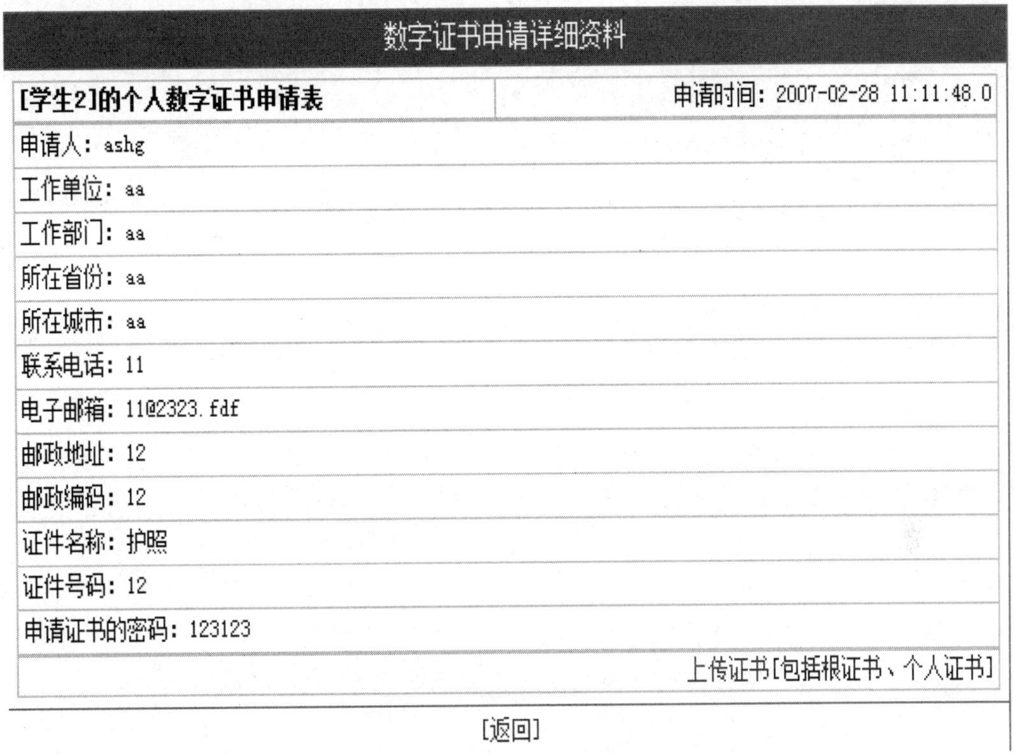

数字证书申请详细资料

[学生2]的个人数字证书申请表	申请时间：2007-02-28 11:11:48.0
申请人：ashg	
工作单位：aa	
工作部门：aa	
所在省份：aa	
所在城市：aa	
联系电话：11	
电子邮箱：11@2323.fdf	
邮政地址：12	
邮政编码：12	
证件名称：护照	
证件号码：12	
申请证书的密码：123123	
	上传证书[包括根证书、个人证书]

[返回]

图 2.2.13　证书详情界面

5. 实验考核

(1) 按照步骤检查是否完成了全部操作。

(2) 到考试中心练习有关 CA 认证的理论知识，加深理解。

6. 实验总结

电子商务交易中，安全问题是一个很重要的问题，同时也是影响和制约电子商务发展的一个重要因素。毫不夸张地说，如果能够解决电子交易的安全问题，那么电子商务一定会有突飞猛进的发展。CA 安全证书解决了网上的安全问题，对于网上交易来说，做好安全认证将会极大地提高交易成功概率。同学们课后可以在网上查阅有关 CA 的理论知识加以学习和理解。

第 3 章 电子商务 EDI

3.1 EDI 概 述

EDI(Electronic Data Interchange，电子数据交换)是一种利用计算机进行商务处理的新方法。EDI 将贸易、运输、保险、银行和海关等行业的信息，用一种国际公认的标准格式，通过计算机通信网络，使各有关部门、公司与企业之间进行数据交换与处理，并完成以贸易为中心的全部业务过程。

EDI 不是用户之间简单的数据交换，EDI 用户需要按照国际通用的消息格式发送信息，接收方也需要按国际统一规定的语法规则对消息进行处理，并引起其他相关系统的 EDI 综合处理。整个过程都是自动完成，无需人工干预，减少了差错，提高了效率。

EDI 系统由通信模块、格式转换模式、联系模块、消息生成和处理模块等 4 个基本功能模块组成。

数据标准化、EDI 软硬件和通信网络是构成 EDI 系统的三要素。

1) 数据标准

EDI 标准是由各企业、各地区代表共同讨论、制订的电子数据交换标准，可以使各组织之间的不同文件格式，通过共同的标准达到彼此之间文件交换的目的。

2) EDI 软件及硬件

实现 EDI，需要配备相应的 EDI 软件和硬件。EDI 软件具有将用户数据库系统中的信息译成 EDI 标准格式以供传输交换的能力。

(1) 转换软件：可以帮助用户将计算机系统文件转换成翻译软件能够理解的平面文件，或是将从翻译软件接收来的平面文件转换成计算机系统中的文件。

(2) 翻译软件：将平面文件翻译成 EDI 标准格式的文件，或将接收到 EDI 标准格式的文件翻译成平面文件。

(3) 通信软件：将 EDI 标准格式的文件外层加上通信信封再送到 EDI 系统交换中心的邮箱，或从 EDI 系统交换中心的邮箱内将接收到的文件取回。

EDI 所需的硬件设备有计算机、调制解调器及电话线。

3) 通信网络

通信网络是实现 EDI 的手段。EDI 通信方式有多种，点对点方式只在贸易伙伴数量较少的情况下使用。随着贸易伙伴数目的增多，当多家企业直接通过电脑通信时，会出现由于计算机厂家不同，通信协议相异以及工作时间不易配合等问题。为了克服这些问题，许多公司逐渐采用第三方网络，即增值网络(VAN)。VAN 类似于邮局，为发送者与接收者维护邮箱并提供存储转送、记忆保管、格式转换、安全管制等服务。因此通过增值网络传送

EDI 文件，可以大幅度降低相互传送资料的复杂度和困难度，提高 EDI 的效率。

1. 电子合同

制作电子合同的制作过程如下：

打开电子合同管理界面，如图 3.1.1 所示。

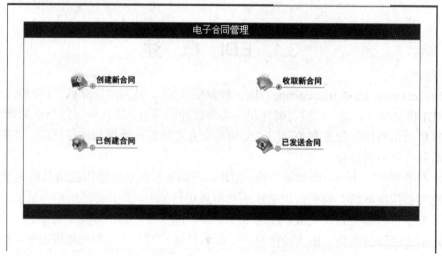

图 3.1.1　电子合同管理界面

单击"创建新合同"按钮，进入合同创建页面，如图 3.1.2 所示。

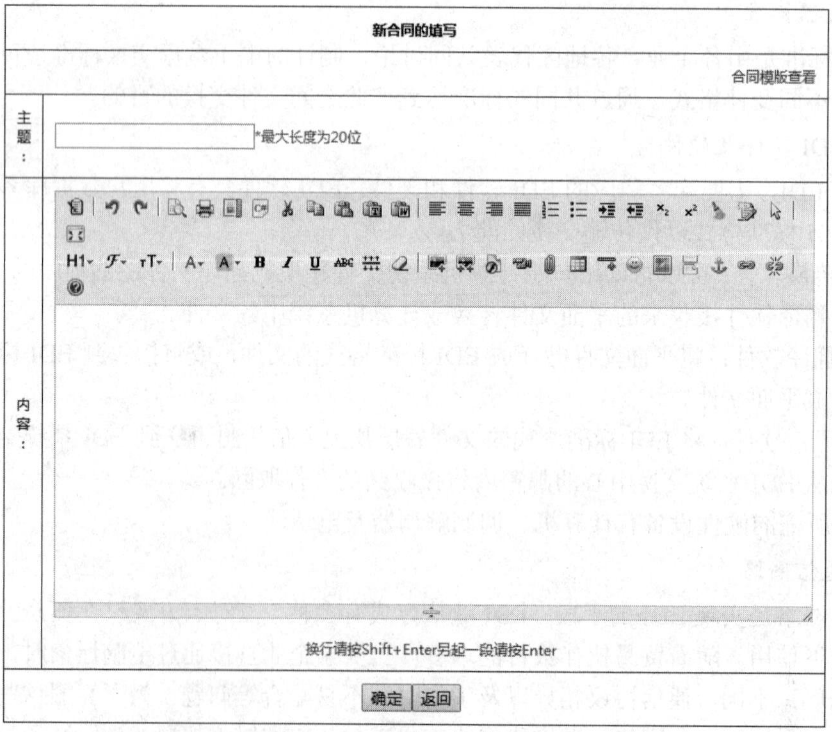

图 3.1.2　创建新合同

填写合同具体内容，完成后单击"提交"按钮，合同创建完成，如图 3.1.3 所示。

新建合同书信息
新的合同书已经起草完毕，请返回。

图 3.1.3　合同创建完成

单击"返回"按钮，可以查看合同列表，如图 3.1.4 所示。

已创建合同书查看			
序号	标题	日期	操作
1	商务合同	2018-05-11 06:50:46	查看详细

图 3.1.4　合同列表

单击"查看详细"按钮，可以对合同内容进行修改或发送合同，如图 3.1.5 所示。

合同具体内容（正文）	
商务合同	
	发送合同
商务合同	
	返回»

图 3.1.5　修改合同

单击"发送合同"按钮，填写合同表单，如图 3.1.6 所示。

合同表单填写				
			合同甲方（收取合同的人）| 合同乙方：（自己）	
加密方式：	加密			
合同标题：	商务合同 [内容查看]			
合同收取人：				
具体签名：	甲方	单位名称		
		法人代表	签名：	委托代理　签名：
		联 系 人		
		通讯地址		
		网 址		
		电 话		传 真
		开户银行		
		账 号		邮政编码
	乙方	单位名称		
		法人代表	签名：	委托代理　签名：
		联 系 人		*最大长度为8位
		通讯地址		
		网 址	http://www.didida.com	
		电 话		传 真
		开户银行		
		账 号		邮政编码
		发送　重置　返回		

图 3.1.6　填写合同表单

2. 电子单据

电子单据管理界面如图 3.1.7 所示。

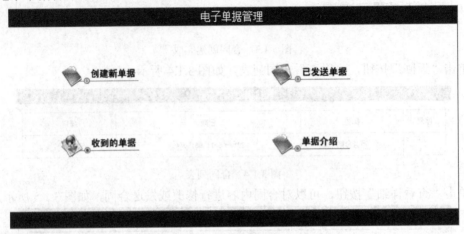

图 3.1.7　电子单据管理界面

单击"创建新单据"按钮，进行单据创建，如图 3.1.8 所示。单击"发送单据"按钮，单据发送成功。

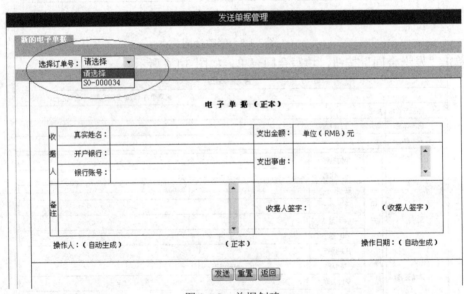

图 3.1.8　单据创建

3.2　实验：学习电子数据交换 EDI

1. 实验概述

EDI 即电子数据交换，国际标准组织将其定义为"将商务或行政事务按照一个公认的标准，形成结构化的事务处理或文档数据格式，从计算机到计算机的电子传输方法"。简单地说，EDI 就是按照商定的协议，将商业文件标准化和格式化，并通过计算机网络在贸易伙伴的计算机网络系统之间进行数据交换和自动化处理。EDI 主要应用于企业与企业、企业与批发商、批发商与零售商之间的批发业务。相对于传统的订货和付款方式，大大节约了时间与费用。

2. 实验目标

(1) 熟练掌握有关 EDI 的理论知识，包括系统中 EDI 模块中的 EDI 概念、EDI 影响、EDI 标准、EDI 组成结构等知识。

(2) 掌握系统中电子合同模块中的创建合同、根据订单号发送合同、收取合同等操作。

(3) 掌握系统中电子单据模块中的创建新单据、收取单据等操作。

3. 实验任务

(1) 学习有关 EDI 的相关概念。

(2) 完成电子合同模块中的操作。

(3) 完成电子单据模块中的操作。

4. 实验步骤

EDI 是和购买、下订单联系在一起的，本次实验只是介绍一下系统 EDI 的功能，具体的应用在第 6 章的 B2B 实验中有更详细的讲解。

登录博星电子商务教学系统操作界面，单击左侧的 EDI 按钮，进入图 3.2.1 所示界面。

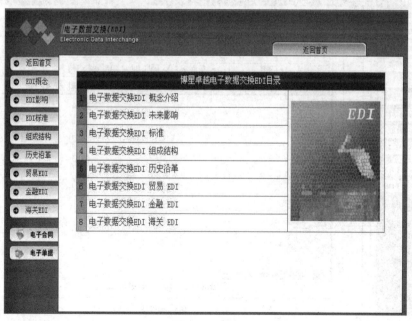

图 3.2.1　EDI

单击"电子合同"按钮，进入图 3.2.2 所示界面。

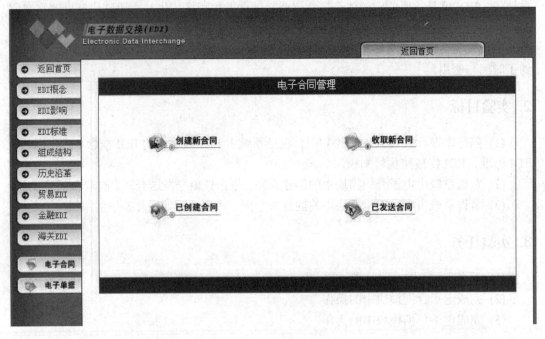

图 3.2.2　电子合同管理

电子合同管理是关于合同的各项操作，单击"创建新合同"按钮可以创建新合同，如图 3.2.3 所示。

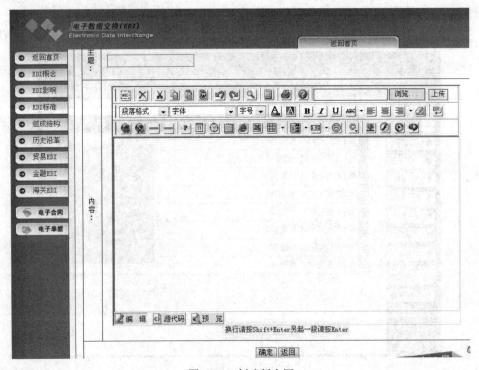

图 3.2.3　创建新合同

　　填写合同的主题和内容后提交，然后在已创建合同里找到合同，根据订单号发送合同。此页面还提供了合同模板查看，可以查看标准的合同格式，还可以在收取合同处收取别人发送给自己的合同。

　　单击"电子单据"按钮，进入图 3.2.4 所示界面。

图 3.2.4　电子单据管理

　　当涉及网上付账的环节，就会用到电子单据，电子单据是一种契约。根据系统中流程的设计，当付账后，就会进入电子单据模块进行相关操作。

　　此次 EDI 实验的目的是了解 EDI 的概念和作用，在第 6 章的 B2B 综合实验中，能够更深刻地体会 EDI 在电子商务交易中的作用。

5. 实验考核

　　(1) 登录系统，根据实验指导书的步骤进行实验。
　　(2) 完成实验以后，进入考试中心进行本次实验的练习，巩固实验效果。

6. 实验总结

　　EDI 所支持的电子转账和电子支付系统的广泛应用使支票和其他传统纸质付款凭证大量减少。同时，EDI 不仅大大简化了纸质单据的处理，节省了纸张，而且使银行的运作出现转型。EDI 会使企业的营销功能变得越来越重要，而推销功能退居其次。EDI 无疑会促使未来商业伙伴之间的运作方式发生根本性的转变。所以，EDI 是未来世界经济发展中一个重要的基础设施。因为它不仅是一种新的通信技术和传递方式,而且也是联系国际生产和国际商务活动的重要桥梁。

目前,人们更多的是从商业角度而不是从技术角度去考虑 EDI 的发展,因为商业领域是 EDI 的动力源泉,也是 EDI 广泛应用的场所。从 EDI 在各国的发展趋势看,EDI 在商业领域中的应用和发展将会给国际商务活动乃至全球的社会活动带来一场结构性的革命。

大家在实验课后可以多学习有关 EDI 的知识,为以后电子商务交易的发展做出自己的贡献。

第 4 章　电子商务模拟银行子系统

4.1　网上银行概述

网上银行是信息时代的产物。它的诞生，使原来必须到银行柜台办理业务的客户，通过互联网便可直接进入银行，进行账务查询、转账、外汇买卖、银行转账、网上购物、账户挂失等业务，客户真正做到足不出户办妥一切银行业务。网上银行服务系统的开通，对银行和客户来说，都将大大提高工作效率，让资金创造最高效益，从而降低生产经营成本。

4.2　实验：网上银行初步实践

1. 实验概述

系统中设计了网上银行这个模块，目的是让大家体验网上银行快速便捷的优点，以便更深刻地理解网上银行的功能。同时，因为网上交易不具备现实交易的安全性，我们也必须考虑网上银行未来的发展，比如安全性、隐私性等。大家在实验中和实验后都应该考虑这些问题。

2. 实验目标

(1) 理解网上银行的有关含义。
(2) 会对本系统提供的转账、存钱等功能进行操作。

3. 实验任务

因为网上银行模块是依赖于电子商务交易存在的，所以本次实验以 B2C 课程为例。
(1) 登录系统并进入课堂，根据操作流程申请 B2C 银行账号。
(2) 使用系统中提供的功能进行银行服务体验。
(3) 商城用户购买商品，体验网上银行的方便快捷。

4. 实验步骤

　　登录系统操作界面后，进入课堂(以 B2C 为例)，然后进入 B2C 商城，进入商城后首先要注册 B2C 银行账号，其方法是单击系统主界面的银行模块注册 B2C 银行账号，如图 4.2.1 所示。

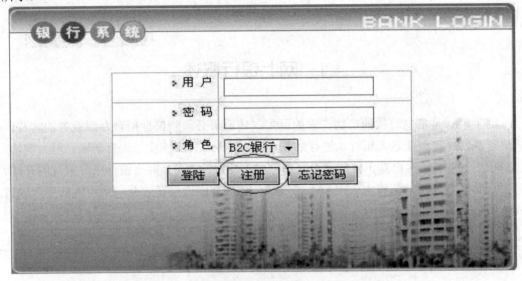

图 4.2.1　注册银行

　　单击"注册"按钮注册银行账号，注意选择 B2C 账号。注册后，等待老师开通，开通后就可以在此处登录，然后进行各项操作了。登录成功的界面如图 4.2.2 所示。

| 登陆名: 学生1 | 姓名: 学生1 | 身份: 学生 | 邮箱: ✉ 暂无新邮件 | 课程状态: 上课中(进入) | 查看同组成员 |

| 银行 Bank | ▸信用卡信息 ▸银行服务 ▸个人信息 ▸历史记录 ▸退出银行管理 |

电子虚拟银行>>信用卡信息

用户名	学生1
信誉卡号	1215423659093
银行类型	B2C银行
账户余额	1000000.00
贷款金额	0.00
积分	0
级别	无级别
当前状态	使用中

图 4.2.2　登录成功的界面

单击上方的"银行服务"按钮，进入图 4.2.3 所示界面。此处可以进行存款、转账、取现等服务，贷款是需要信用额度的，跟现实中的道理一样。提交各项操作申请以后，等待老师通过，具体的操作很简便。在"个人信息"选项中可以查看个人账户信息并修改密码。在"历史记录"选项中可以查看历史操作记录。

图 4.2.3　银行服务

接下来，商城用户角色注册并登录商城，购买商品并通过网上银行付账，体验网上银行的方便快捷。

5. 实验考核

(1) 登录系统，根据实验指导书的步骤进行实验。
(2) 完成实验以后，进入考试中心进行本次实验的练习，巩固实验效果。

6. 实验总结

网上银行的产生和发展，推动了银行业务流程的再造，优化了经营过程，降低了交易成本，一定程度上改变了金融活动参与各方的信息不对称状况，为网络经济的发展提供了更有效的支持和更大的发展空间，但同时，银行业务的虚拟化，使银行机构的传统角色发生了进一步的变化，使金融风险更具复杂性和蔓延性，突破了传统银行业的经营模式、价值观念和管理方法。

　　通过这次实验，大家能够体会网上银行方便快捷、高效快速的优点，但是网上银行依然有很多发展瓶颈，比如在全开放的环境下，如何处理在交易过程中遇到的法律、商标、语言、知识产权服务和交易合约等问题；如何尊重保护消费者的隐私、服从国家政府审计及其他规定。这些类似的问题都是我们在课后应该考虑的。

第 5 章　B2C 电子商务模拟

5.1　B2C 电子商务系统综述

　　博星卓越电子商务实验系统主要模拟电子商务 B2C 交易过程，能将 B2C 交易环境中相关要素灵活体现，让大家直接体验电子商务环境里角色的变化，认清消费者、销售部、财务部、经理、储运部、退货部、采购部、物流、银行等部门在电子商务交易中的职能。

　　该系统不仅模拟了电子商务 B2C 交易过程，还模拟了商城内部各部门间的工作流程。这样不仅能掌握电子商务 B2C 交易过程，还能了解商城内部各部门之间的具体操作，同时熟悉整个商城的管理。

　　B2C 电子商务系统设计首次引入"模块拓展"功能，将财务部、采购部、销售部、储运部、退货部、经理等模块与 B2C 交易相结合，利用先进的计算机网络技术，使电子商务交易中的多元化、兼容性、人性化特点在教学中体现得淋漓尽致。

　　B2C 电子商务系统软件为 B/S 结构，客户端通过 IE 浏览器操作，流程明确，界面人性化。系统环境配置成功后，要通过几个角色共同工作才能完成一个交易流程，这样明确了订单的流向，同时也解决了物流、现金流等电子商务中的瓶颈问题，有效提升了电子商务实验的真实性，对电子商务教学起到了良好的指导、参考作用。

5.2　B2C 电子商务实验系统使用介绍

　　B2C 模块功能简介如下：

　　学生 1(财务部)功能：商城用户订单管理、缺货商品采购单管理、预警商品采购单管理、正常商品采购单管理、银行进出账管理、账目报表管理。

　　学生 2(经理)功能：商品一级分类管理、商品二级分类管理、公告管理、商品管理、商城基本信息管理、员工部门管理、供应商管理、报表管理、物流公司管理。

　　学生 3(采购部)功能：商品采购管理、已确认商品采购单管理、预警商品管理、已确认预警商品采购单管理。

　　学生 4(储运部)功能：预警商品的入库管理、正常商品的入库管理、缺货订单的入库管理、已付款用户订单的运输管理、查看所有储运记录。

　　学生 5(销售部)功能：新订单、缺货订单管理、付款未确认订单管理、付款已确认订单管理、作废订单设置、查看所有已完成交易订单。

　　学生 6(商城用户)功能：用户注册登录、查询和选购商品、银行账户、订单查询、注销登录。

学生 7(物流业务)功能：处理用户送货以及商品入库订单的配送过程。

1. 财务部功能介绍

1) 财务部学生登录

财务部学生登录进入后单击"上课中，请点击进入"按钮进入财务部主界面，如图 5.2.1 所示，进行财务操作。(注意：教师已进行上课操作。)

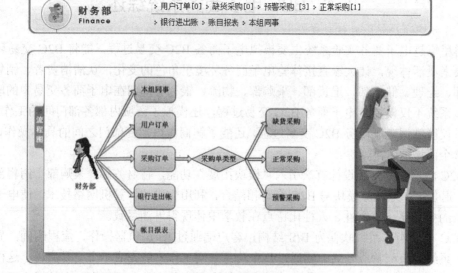

图 5.2.1　财务部主界面

2) 商城用户订单管理

在图 5.2.1 所示界面中单击"用户订单"按钮，进入图 5.2.2 所示界面。

财务帐单ID	订货人	订单总额	付款方式	送货方式	订货时间	处理人	帐单明细
32	stu1	46.00	银行转账	物流公司送货	2006-03-17 13:30:39	stu2	查看

返回

图 5.2.2　订单管理

单击图 5.2.2 所示界面中"账单明细"栏目中的"查看"按钮，弹出"你是否准备受理此单？"对话框，单击"确定"按钮，进入图 5.2.3 所示界面。

商品名称	商品单价	定购数量	库存数量	商品金额	操作员
松下台式音响SC-PM08	3120.00	1	1000	3120.00	学生6

商品总价:3120.00 元　运费:312.00 元　合计: 3432.00 元　　　　提示：该财务单应做入账处理，并尽快交付销售部！

入帐处理　确定　返回

图 5.2.3　账单明细

图 5.2.3 所示界面中的订单即是商城用户要求购买的商品的订单，通过销售部处理成财务订单再发到财务部进行入账处理，单击“确定”按钮，进入图 5.2.4 所示界面。

新的电子单据
选择订单号：SO-000037
请选择
SO-000037
SO-000036
电 子 单 据（正本）
收据人
真实姓名：学生2
开户银行：B2C个人银行
银行帐号：1190260549046
支出金额：3120.0 单位（RMB）元
支出事由：
销售
备注
销售
收据人签字：
（收据人签字）
操作人：（自动生成）
（正本）
操作日期：（自动生成）
上一步
重新设置
发送单据

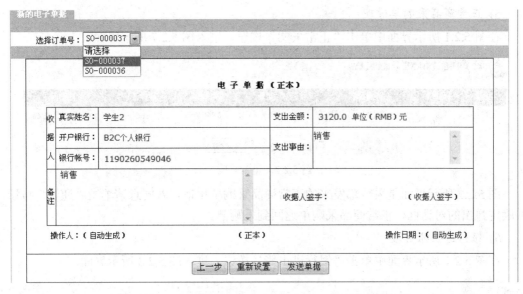

图 5.2.4　电子单据

选择要处理的订单，填写备注和支出事由，单击“发送单据”按钮，单据成功发送，等待销售部处理。

3) 缺货商品采购单管理

在图 5.2.1.1 所示界面中单击“缺货采购”按钮，进入图 5.2.5 所示界面。

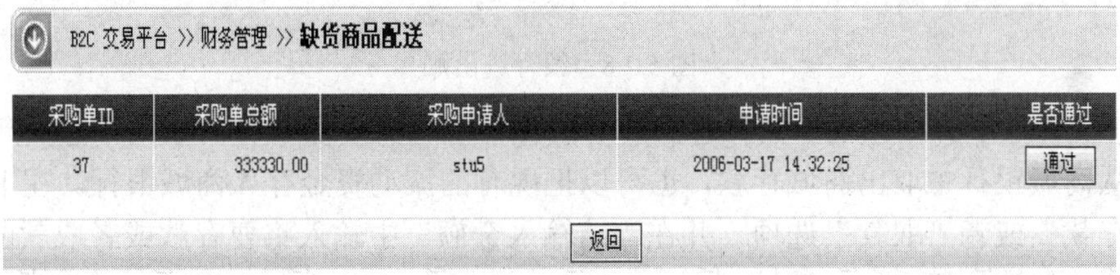
B2C 交易平台 >> 财务管理 >> 缺货商品配送
采购单ID
采购单总额
采购申请人
申请时间
是否通过
37
333330.00
stu5
2006-03-17 14:32:25
通过
返回

图 5.2.5　缺货采购

图 5.2.5 所示界面是采购部发来的缺货采购单申请，若同意请单击“通过”按钮，即同意采购，采购单返回到采购部。

4) 预警商品采购单管理

在图 5.2.1 所示界面中单击“预警采购”按钮，进入图 5.2.6 所示界面。

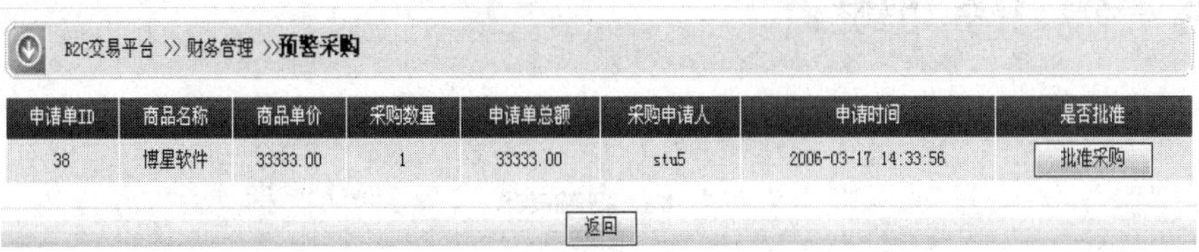
B2C交易平台 >> 财务管理 >>预警采购
申请单ID
商品名称
商品单价
采购数量
申请单总额
采购申请人
申请时间
是否批准
38
博星软件
33333.00
1
33333.00
stu5
2006-03-17 14:33:56
批准采购
返回

图 5.2.6　预警采购

图 5.2.6 所示界面是采购部经过确认后发来的预警商品采购单申请，若同意请单击"批准采购"按钮，确定弹出的对话框，预警商品采购单返回到采购部。

5）正常商品采购单管理

在图 5.2.1 所示界面中单击"正常采购"按钮，进入图 5.2.7 所示界面。

图 5.2.7　正常采购

图 5.2.7 所示界面是采购部发来的正常商品采购单申请，若同意请单击"通过"按钮，并确定弹出的对话框，正常商品采购单返回到采购部。

6）银行进出账管理

在图 5.2.1 所示界面中单击"银行进出账"按钮，进入图 5.2.8 所示界面。

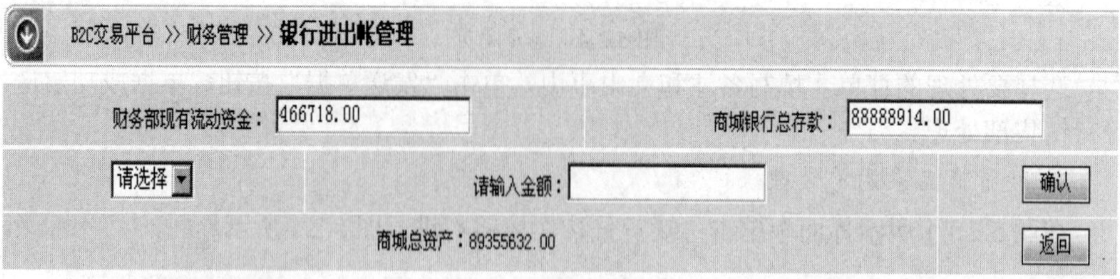

图 5.2.8　银行进出账

图 5.2.8 所示界面描述了商城总资产、财务部现有流动资金和商城银行总资产，财务部可以从商城银行中取出商城存款，也可以把现有的流动资金存入商城银行。在下拉框中点选"存款"或者"取款"选项，并在"请输入金额"中输入将要存款或者取款的金额，再单击"确认"按钮。

7）账目报表管理

在图 5.2.1 所示界面中单击"账目报表"，进入图 5.2.9 所示界面。

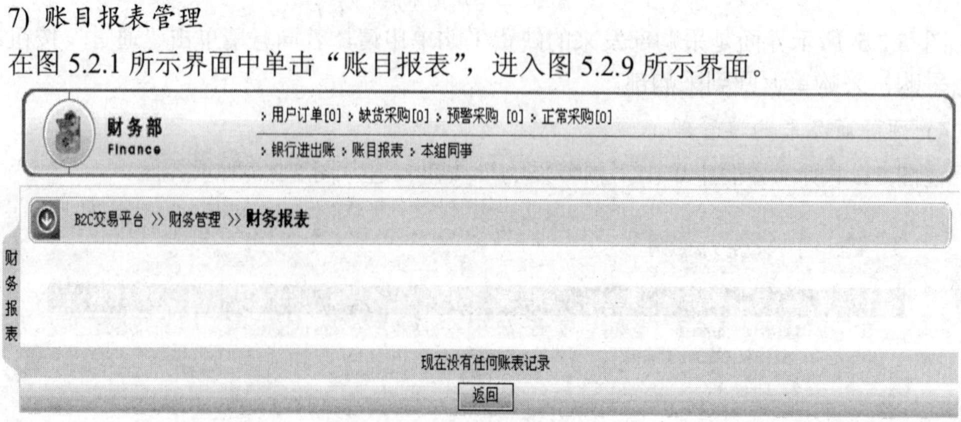

图 5.2.9　账目报表

2. 商城经理功能介绍

1) 经理角色登录

学生以经理角色登录进入主界面，单击"上课中，请点击进入"按钮，进入图 5.2.10 所示界面。经理角色的学生可以对商城的产品、信息、员工部门、各种报表、供应商和物流公司进行管理。

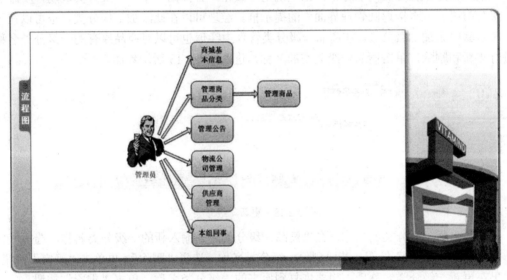

图 5.2.10　商城管理

2) 商品一级分类管理

单击经理主界面中"商品一级分类管理"按钮，进入图 5.2.11 所示界面。

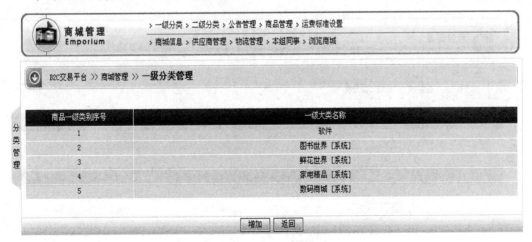

图 5.2.11　一级分类管理

在商品一级分类管理中经理可以在商城中增加商品的一级类别(如：服装、汽车等)。单击"增加"按钮，进入一级分类增加界面，如图 5.2.12 所示。

图 5.2.12　增加分类

输入商品一级分类的名称，单击"确定"按钮，会弹出一个"一级分类成功，要添加二级分类吗？或直接返回管理界面"的提示框。经理可以在此添加二级分类，也可以在下一个步骤中添加二级分类。在商品一级分类管理中经理也可以对商品原有的一级分类名称进行更新和删除，单击商品一级大类的名称，进入图 5.2.13 所示界面。

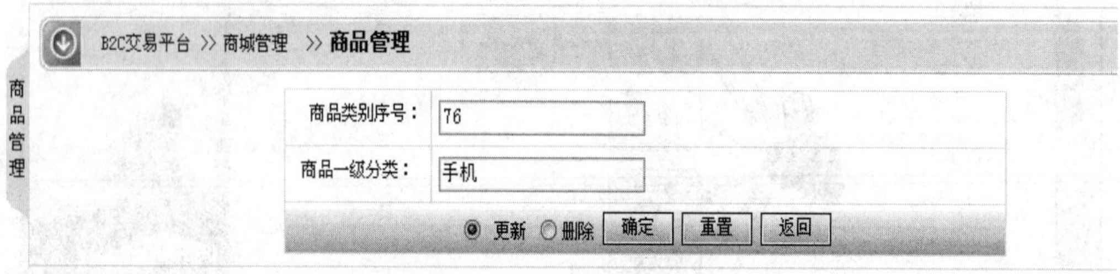

图 5.2.13　更新一级分类

若要更新一级分类的名称，在"商品一级分类"中输入新的一级分类名称，选择"更新"，再单击"确定"按钮。若要删除一级分类名称，选择"删除"，再单击"确定"按钮。如果在更新一级分类名称后，想要恢复到原来的一级分类名称，单击"重置"按钮。

3) 商品二级分类管理

在经理主界面中单击"商品二级分类管理"按钮，选择商品一级大类名称，进入图 5.2.14 所示界面。

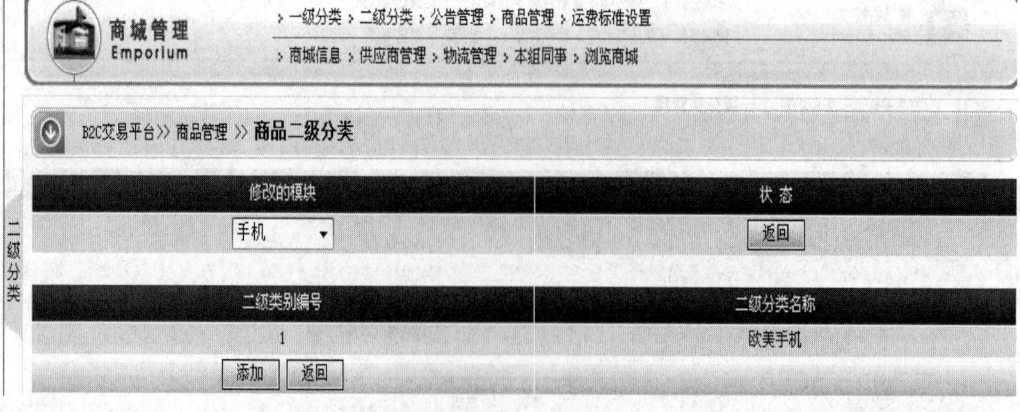

图 5.2.14　商品二级分类

在二级分类列表中经理可以在商品的一级大类中(如汽车)增加商品的二级类别(如小车等)，如图 5.2.15 所示。输入二级分类名称，单击"确定"按钮，弹出一个"插入二级分类成功，继续添加本类别，还是添加别的类别"提示框。若单击"继续添加本类别"按钮，会返回到增加二级分类名称的界面继续添加选定一级分类下的二级分类，若单击"添加别的类别"按钮，会重新选择一级分类。

图 5.2.15　添加二级分类

二级分类的更新、删除、重置操作与一级分类相同。

4) 公告管理

在经理主界面中单击"公告管理"按钮，进入图 5.2.16 所示界面。

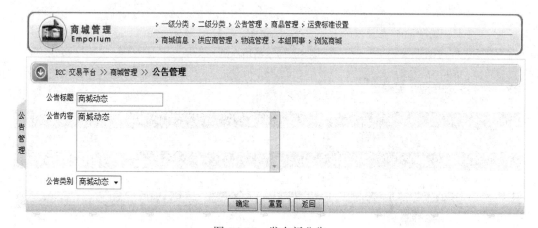

图 5.2.16　公告管理

单击"发布新公告"按钮，如图 5.2.17 所示。输入要发布公告的标题和内容，点选公告类别，单击"确定"按钮，发布成功。

图 5.2.17　发布新公告

5) 商品管理

在经理主界面中单击"商品管理"按钮，点选"商品一级分类"和"商品二级分类"

选项，进入图5.2.18所示界面。

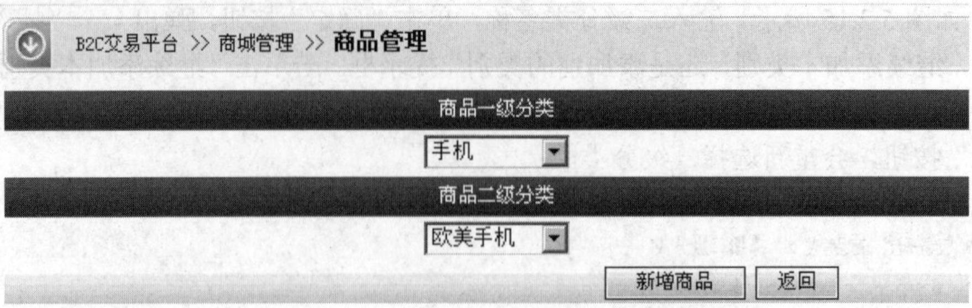

图5.2.18 商品管理

单击"新增商品"按钮，如图5.2.19所示。输入要增加商品的名称、规格、单位、进价、原始销价、现销价、产地、产品描述，选择"生产厂家"和"产品状态"，单击"确定"按钮。弹出提示信息，可以插入商品的图片，或直接返回到图5.2.20所示界面。

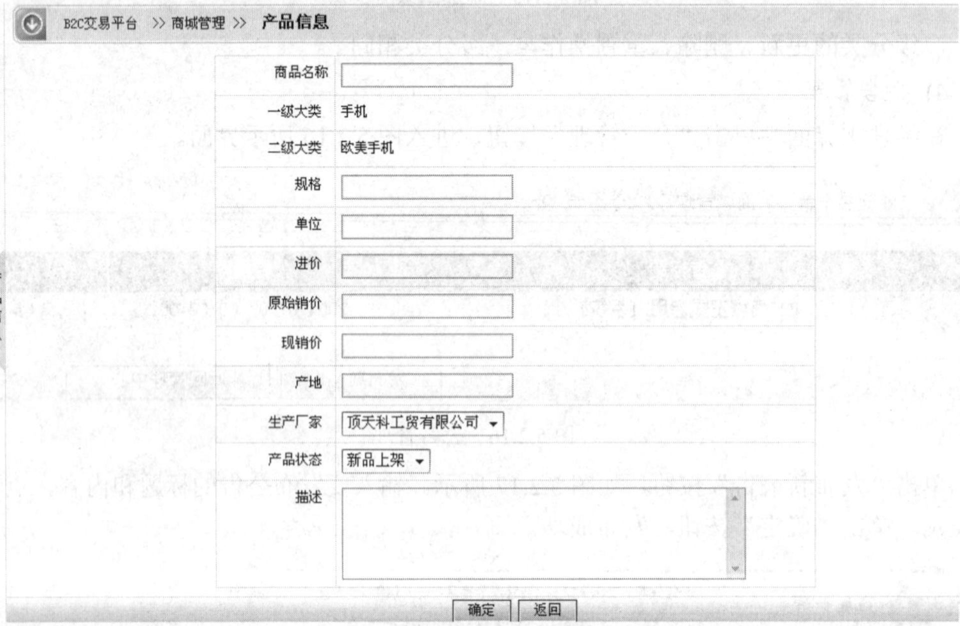

图5.2.19 新增商品

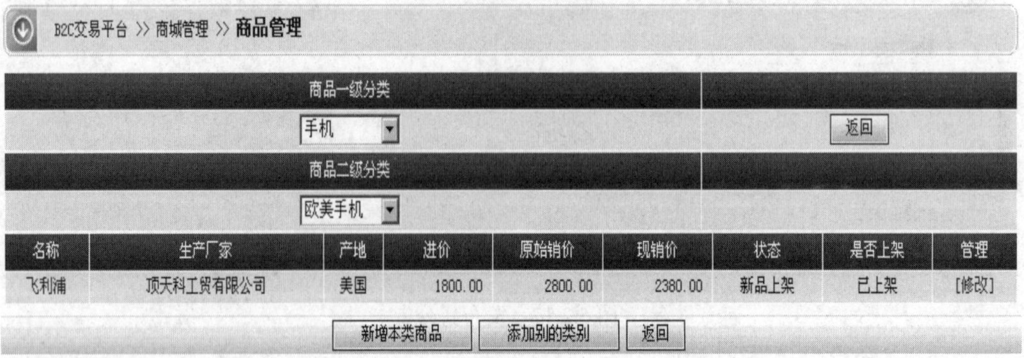

图5.2.20 继续增加商品

在图 5.2.20 所示界面中可以继续增加本类商品，也可以增加其他类商品，增加商品步骤与图 5.2.19 所示界面一样。同样可以对原有的商品信息、资料以及商品图片进行更新和删除，单击"名称"按钮进入图 5.2.21 所示界面。

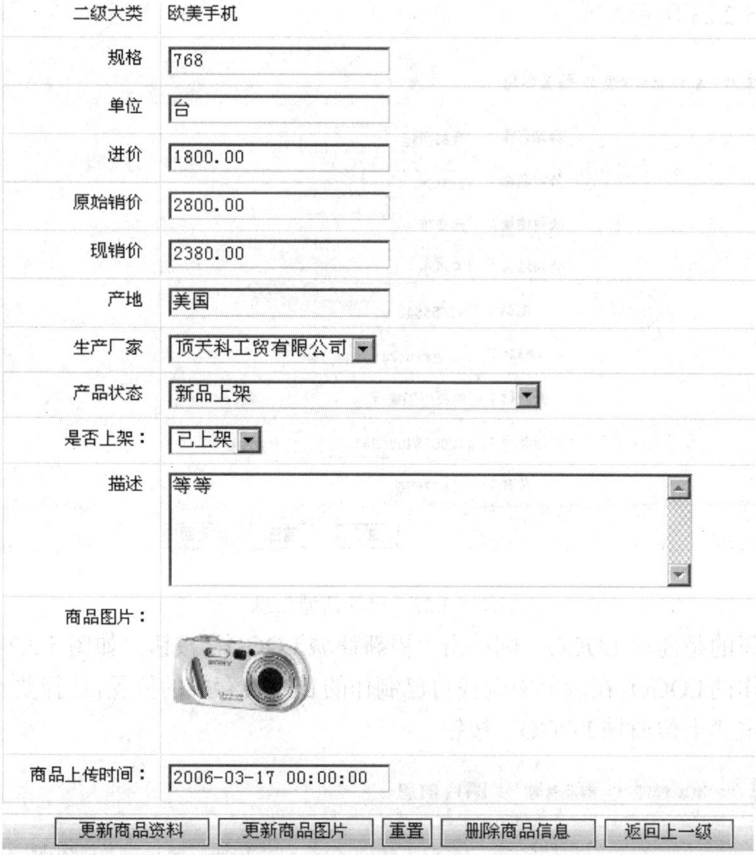

图 5.2.21　编辑商品信息

6) 运费标准设置

在经理主界面中单击"运费标准设置"按钮，如图 5.2.22 所示。此处可以设置运费的标准。

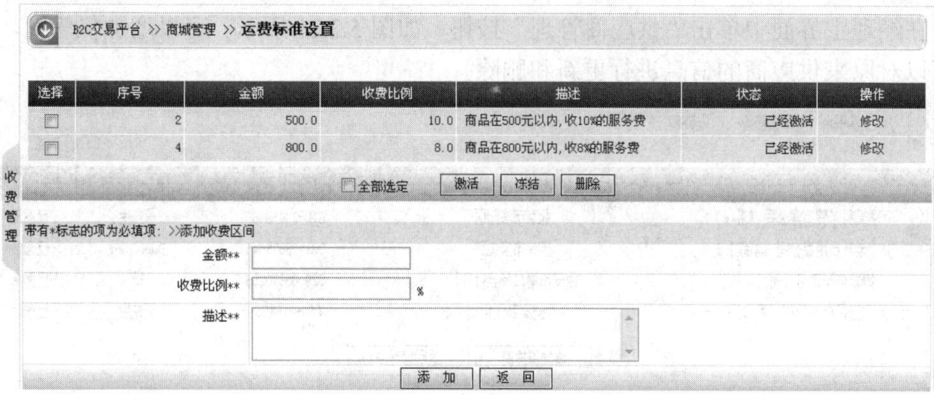

图 5.2.22　运费标准设置

7) 商城基本信息管理

在操作主界面中单击“商城基本信息”按钮，可以对原来描述商城的基本信息和商城的 LOGO 进行更新。如果更新的是商城信息，则单击“更新商城信息”按钮，更新商城信息界面如图 5.2.23 所示。

B2C交易平台 >> 商城管理 >> 商城信息
商城名称：
我的商城
公司名称：
anxupu
公司地址：
西安市
公司法人：
王小小
电话：
87656546
EMAIL：
wangxiaoxiao@qq.com
开户行：
博兴虚拟银行
银行账号：
1205284536953
[只读]
传真：
87657656
确定
重置
返回

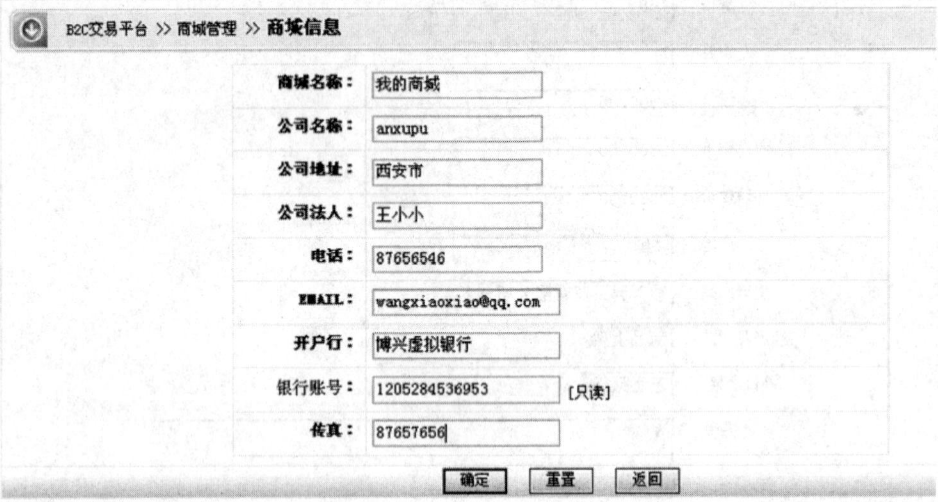

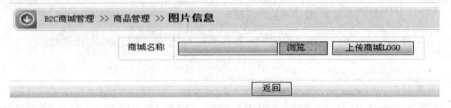

图 5.2.23　更新商城信息

如果更新的是商城 LOGO，则单击“更新商城 LOGO”按钮，如图 5.2.24 所示。可以上传自己制作的LOGO，在浏览中查找自己制作的LOGO存放的位置，选择要上传的LOGO文件，再单击“上传商城 LOGO”按钮。

B2C商城管理 >> 商品管理 >> 图片信息
商城名称
浏览...
上传商城LOGO
返回

图 5.2.24　更新商城 LOGO

8) 供应商管理

在经理主界面中单击“供应商管理”按钮，如图 5.2.25 所示。可以增加供应商，同时也可以对原来供应商的信息进行更新和删除。

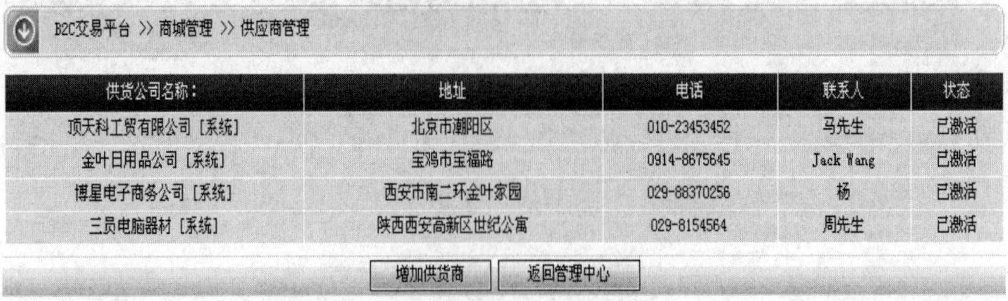

B2C交易平台 >> 商城管理 >> 供应商管理
供货公司名称：
地址
电话
联系人
状态
顶天科工贸有限公司 [系统]
北京市潮阳区
010-23453452
马先生
已激活
金叶日用品公司 [系统]
宝鸡市宝福路
0914-8675645
Jack Wang
已激活
博星电子商务公司 [系统]
西安市南二环金叶家园
029-88370256
杨
已激活
三员电脑器材 [系统]
陕西西安高新区世纪公寓
029-8154564
周先生
已激活
增加供货商
返回管理中心

图 5.2.25　供应商管理

单击"增加供应商"按钮，如图 5.2.26 所示。输入供应商的基本信息，单击"提交"按钮，弹出"成功插入"提示框。

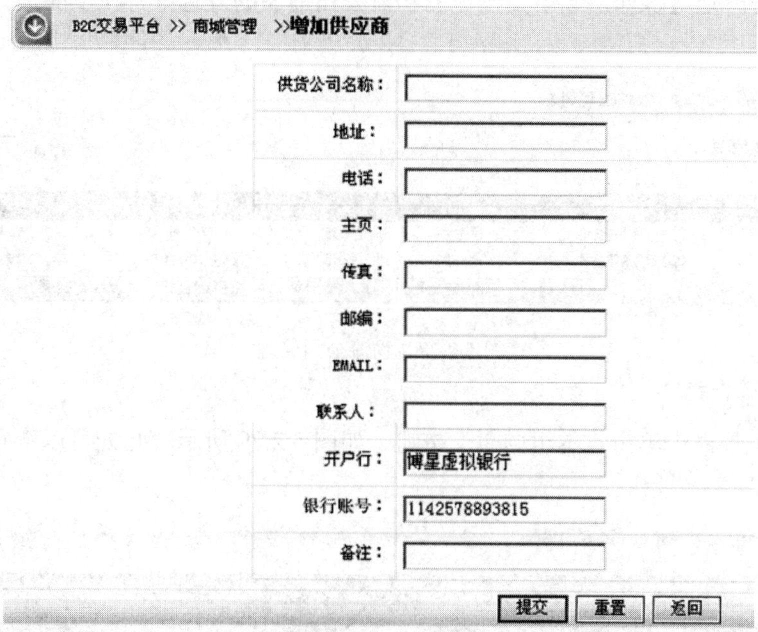

图 5.2.26　增加供应商

在供应商管理界面单击"供货公司的名称"按钮，如图 5.2.27 所示。可以对供应商的信息进行更新和删除。

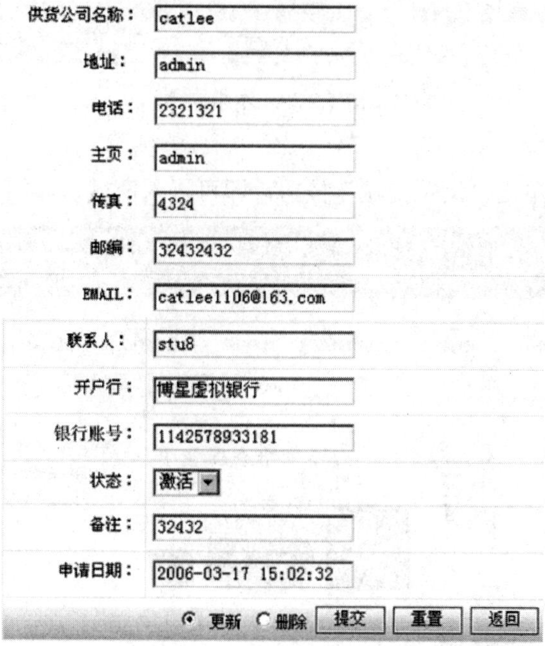

图 5.2.27　编辑供应商信息

9) 物流管理

在经理主界面中单击"物流管理"按钮，如图 5.2.28 所示。可以对以物流角色申请的物流公司进行开通等操作。选中要操作的物流公司前面的复选框，在下面选择相应的操作即可。

图 5.2.28　物流公司管理

10) 本组同事

在经理主界面中单击"本组同事"按钮，如图 5.2.29 所示。此处可以查看同组人员的角色。

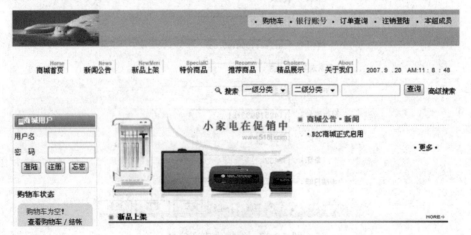

图 5.2.29　本组同事

11) 浏览商城

在经理主界面中单击"浏览商城"按钮，即可进入商城，如图 5.2.30 所示。

图 5.2.30　浏览商城

3. 采购部功能介绍

1) 采购部角色学生登录

采购部角色的学生登录进入主界面中,单击"上课中,请点击进入"按钮,如图 5.2.31 所示。采购部角色的学生主要负责商城商品的采购。

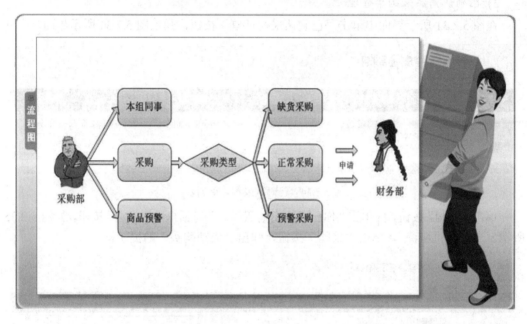

图 5.2.31 采购部

2) 商品采购管理

在图 5.2.31 所示界面中单击"商品采购"按钮,选择"商品一级分类"选项,再选择"商品二级分类"选项,如图 5.2.32 所示。

名称	生产厂家	产地	进价	销价	库存数量	进行采购
博星软件	博星电子商务公司	西安	33333.00	43800.00	0	采购

图 5.2.32 商品采购

如果要采购某种产品，就单击该产品后面的"采购"按钮，输入要采购的商品的数量，单击"确定"按钮，生成采购单提交到财务部等待审核，如图 5.2.33 所示。

图 5.2.33　采购商品信息

3) 已确认商品采购单管理

在图 5.2.31 所示界面中单击"已确认采购订单"按钮，弹出图 5.2.34 所示界面。

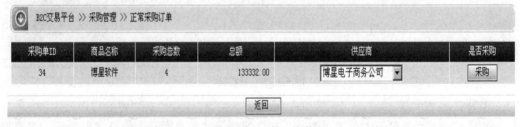

图 5.2.34　已确认采购订单列表

单击"采购"按钮，并单击"你已经决定购买吗？"对话框的"确定"按钮，如图 5.2.35 所示。选择"供应商"，单击"采购"按钮，弹出"成功购买"的提示框。

采购单ID	商品名称	采购总数	总额	供应商	是否采购
34	博星软件	4	133332.00	博星电子商务公司 ▼	采购

返回

图 5.2.35　确认采购

4) 预警商品管理

在图 5.2.31 所示界面中单击"预警商品"按钮，如图 5.2.36 所示。描述库存数量低于预警下限数量(自定义)的所有商品，包括商品的现库存数量、预警下限、每次采购建议最大量、供应商名称以及商品单价等信息。

B2C交易平台》 采购管理 》 预警商品

商品ID	商品名	商品单价	现库存数量	预警下限	每次采购建议最大量	供应商名称	详细信息
180	博星软件	33333.00元	0	10	30	博星电子商务公司	查看

返回

图 5.2.36　预警商品列表

在某种产品的详细信息栏里，单击"查看"按钮，如图 5.2.37 所示，该界面详细地描述了预警产品，输入要采购商品的数量，再单击"确认"按钮，生成采购单提交到财务部等待审核。

图 5.2.37　预警商品采购信息

5) 已确认预警商品采购单管理

在图 5.2.31 所示界面中单击"已确认预警采购"按钮，如图 5.2.38 所示是财务部通过审核并确认采购预警商品的采购单。

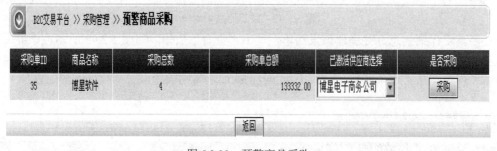

图 5.2.38　已确认预警商品的采购单

单击"采购"按钮，并单击"你已经决定购买吗？"对话框的"确定"按钮，如图 5.2.39 所示。选择"已激活供应商选择"选项，再单击"采购"按钮，弹出"成功购买"的提示框。

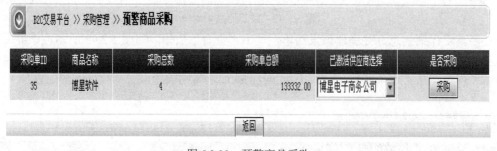

图 5.2.39　预警商品采购

6) 缺货商品采购单管理

在图 5.2.31 所示界面中单击"缺货商品"按钮，如图 5.2.40 所示，该界面是销售部发送过来的缺货订单，要求采购部对缺货的产品进行采购。

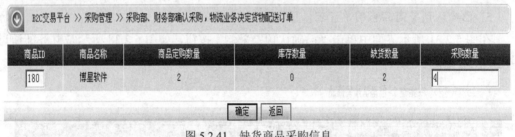

图 5.2.40　缺货商品

单击"查看"按钮，确定弹出的提示框，如图 5.2.41 所示，该界面描述了缺货商品的名称、缺货数量、库存数量、商品的订购数量以及采购商品的数量。单击"确定"按钮，将该信息发送到财务部等待采购审核。

图 5.2.41　缺货商品采购信息

7) 已确认缺货商品采购单管理

在图 5.2.31 中单击"已确认缺货采购"按钮，如图 5.2.42 所示，该界面是财务部经过审核的缺货商品采购单。

采购单ID	商品名称	采购总数	采购单总额	采购申请人	财务确认人	申请时间	确认时间	是否采购
34	博星软件	4	133332.00	stu5	stu7	2006-03-17 14:04:47	2006-03-17 14:08:25	采购

返回

图 5.2.42　缺货商品采购单

要查看详细信息，并受理该采购单，单击"查看"按钮，如图 5.2.43 所示，该界面描述了缺货商品的详细信息：缺货商品名称、库存数量、缺货数量、商品订购数量。选择"供应商"选项，单击"采购"按钮，弹出"成功购买"提示框。

采购单ID	商品名称	采购总数	总额	供应商	是否采购
34	博星软件	4	133332.00	博星电子商务公司 ▼	采购

返回

图 5.2.43　缺货采购信息

8) 预警设置

在图 5.2.31 所示界面中单击"预警设置"按钮，如图 5.2.44 所示。可以根据"商品类别"、"商品 ID 号"来对商品的预警数量下限进行设置。

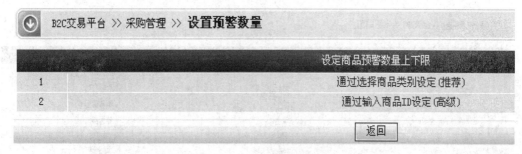

图 5.2.44　预警设置

(1) 单击"通过选择商品类别设定"按钮，选择"商品一级分类"和"商品二级分类"选项，如图 5.2.45 所示，可以对该类别商品的预警数量下限进行修改。

图 5.2.45　通过商品类别设定

单击"修改"按钮，出现如图 5.2.46 所示界面。重新输入"预警下限"，单击"确定"按钮，弹出"修改成功"提示框。

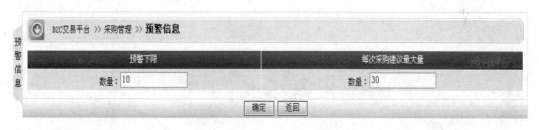

图 5.2.46　修改预警下限

(2) 单击"通过输入商品 ID 设定"按钮，输入"商品编号"，单击"确定"按钮，如图 5.2.47 所示，重新输入"预警下限"，单击"确定"按钮，弹出"修改成功"提示框。

图 5.2.47　通过商品 ID 设定

9）本组同事

在图 5.2.31 所示界面中单击"本组同事"按钮，如图 5.2.48 所示，可以查看同组人员的角色。

本组同事

老师名称：演示教师	本节课名称：测试	本组名称：第一组
学生6	学生6	财务部
学生2	学生2	商城用户
学生5	学生5	销售部
学生4	学生4	储运部
学生3	学生3	物流业务
学生7	学生7	采购部
学生1	学生1	商城管理员

返回

图 5.2.48 本组同事

4. 储运部功能介绍

1）储运部角色学生登录

储运部角色的学生登录进入主界面中，单击"上课中，请点击进入"按钮，如图 5.2.49 所示。储运部主要负责各种商品的入库管理、已付款用户订单管理、所有的储运记录。

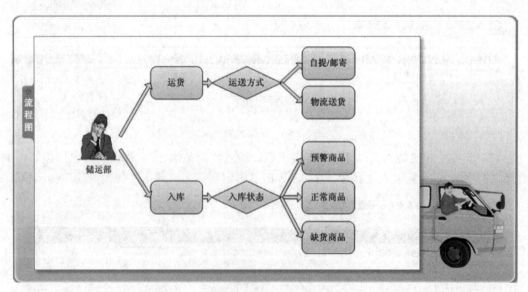

图 5.2.49 储运部

2) 预警商品入库管理

在图 5.2.49 中单击"预警商品入库"按钮,如图 5.2.50 所示,该界面是由采购部提交来的已被财务部确认的预警商品采购单。单击"入库"按钮,弹出"订单处理完毕,并在销售部的已完成交易订单里查到该订单"的提示框。

编号	采购商品ID	采购商品名称	已采购数量	采购总金额	采购部申请人	财务部确认人	订货时间	是否入库
35	180	博星软件	4	133332.00	stu5	stu4	2006-03-17 14:12:02	入库
36	180	博星软件	4	133332.00	stu5	stu4	2006-03-17 14:12:14	入库
38	180	博星软件	1	33333.00	stu5	stu4	2006-03-17 14:33:56	入库

图 5.2.50　预警商品入库

3) 正常商品入库管理

在图 5.2.49 所示界面中单击"正常商品入库"按钮,如图 5.2.51 所示,该界面是由采购部提交来的已被财务部确认的正常商品采购单,单击"入库"按钮,弹出"订单处理完毕,并在销售部的已完成交易订单里查到该订单"的提示框。

采购单ID	采购商品ID	采购商品名称	已采购数量	采购总金额	采购部申请人	财务部确认人	确认时间	是否入库
34	180	博星软件	4	133332.00	stu5	stu4	2006-03-17 14:08:25	入库

图 5.2.51　正常商品入库

4) 缺货订单入库管理

在图 5.2.49 所示界面中单击"缺货订单入库"按钮,如图 5.2.52 所示,该界面是由采购部提交来的已被财务部确认的缺货商品采购单。

缺货订单ID	订货人	订单总额	送货方式	订货时间	处理人	订单明细
33	stu1	87600.00	物流公司送货	2006-03-17 13:42:20	stu4	查看

图 5.2.52　缺货订单入库

单击"查看"按钮,如图 5.2.53 所示。该界面描述了缺货商品采购单详细信息,包括商品名称、商品订购数量和已采购数量等。选择"已被激活的物流公司"选项,单击"立即入库"按钮，弹出"该单已交销售部"提示框，或者单击"以后再说"按钮。

图 5.2.53　缺货订单

5) 付款用户订单的运输管理

在图 5.2.49 所示界面中单击"付款用户运输"按钮，如图 5.2.54 所示，该界面是由采购部提交来的已被财务部确认的已付款用户订单。

用户订单ID	订货人	订单总额	送货方式	订货时间	处理人	订单明细
32	stu1	46.00	物流公司送货	2006-03-17 13:30:39	stu2	查看

返回

图 5.2.54　付款用户运输

单击"查看"按钮，如图 5.2.55 所示。该界面描述了已付款用户订单详细信息，包括了商品名称、商品定购数量。选择"已被激活的物流公司"选项，单击"立即配送"按钮，弹出"订单处理完毕，并在销售部的已完成交易订单里查到该订单"的提示框，或者单击"以后再说"按钮。

商品ID	商品名称	定购数量	操作员
124	新俄罗斯的财富与权	1	stu3
123	生存	1	stu3

已被激活的物流公司 可乐有限责任公司 ▼

立即配送　以后再说

图 5.2.55　已付款用户订单详细信息

6) 储运记录

在图 5.2.49 所示界面中单击"储运记录"按钮，弹出图 5.2.56 所示界面，该界面记录了所有的储运日志。

编号	商品名	数量	储运类型	处理人	处理时间
1	博星软件	4	商品入库(储)	stu3	2006-03-17 15:40:44
2	博星软件	4	商品入库(储)	stu3	2006-03-17 15:40:48
3	博星软件	1	商品入库(储)	stu3	2006-03-17 15:40:50
4	博星软件	4	商品入库(储)	stu3	2006-03-17 15:40:57

首页 上一页 下一页 尾页　共4项　1/1

返回

图 5.2.56　储运记录

5. 销售部功能介绍

1) 销售部角色学生登录

销售部角色的学生登录进入主界面中，单击"上课中，请点击进入"按钮，如图 5.2.57 所示。销售部主要处理新订单、缺货订单管理、付款未确认订单管理、付款已确认订单管理、作废订单设置、查看所有已完成交易订单。

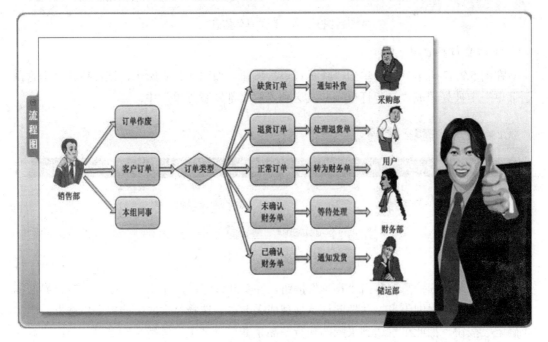

图 5.2.57　销售部

2) 订单管理

在图 5.2.57 所示界面中单击"客户订单"按钮，如图 5.2.58 所示，该界面显示的是由用户发过来的购物新订单。

新订单ID	订货人	订单总额	付款方式	送货方式	订货时间	订单明细
32	stu1	46.00	银行转帐	物流公司送货	2006-03-17 13:30:39	查看

返回

图 5.2.58 客户订单

要看订单具体信息，单击"查看"按钮，并受理该订单，如图 5.2.59 所示，该界面描述了新订单的具体信息，并把此订单处理成付款未确认订单。选择"设置为付款未确认订单"单选框，单击"确定"按钮，把此单发送到销售部付款未确认订单管理里。

商品名称	商品单价	定购数量	库存数量	合计金额	缺货数量	操作员
新俄罗斯的财富与权力	28.00	1	1000	28.00	不缺货	stu2
生存	18.90	1	1000	18.90	不缺货	stu2
总金额	46.90			提示:该订单应设置为付款未确认定单!		

设置为付款未确认订单 确定 返回

图 5.2.59 订单具体信息

3) 缺货订单管理

在图 5.2.57 所示界面中单击"缺货订单"按钮，如图 5.2.60 所示，该订单在"销售部新订单"中被处理成"缺货订单"并发送到"销售部缺货订单"中。

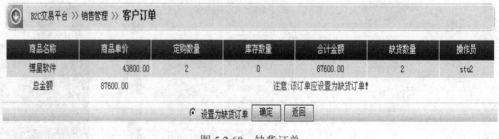

商品名称	商品单价	定购数量	库存数量	合计金额	缺货数量	操作员
博星软件	43800.00	2	0	87600.00	2	stu2
总金额	87600.00			注意:该订单应设置为缺货订单!		

设置为缺货订单 确定 返回

图 5.2.60 缺货订单

要看订单详细信息，单击"查看"按钮，并受理该订单，如图 5.2.61 所示，该界面描述了缺货订单的详细信息，并把此订单处理成采购单。选择"生成采购单"单选框，单击"确定"按钮，把此单发送到采购部缺货商品采购单管理里，等待采购产品。

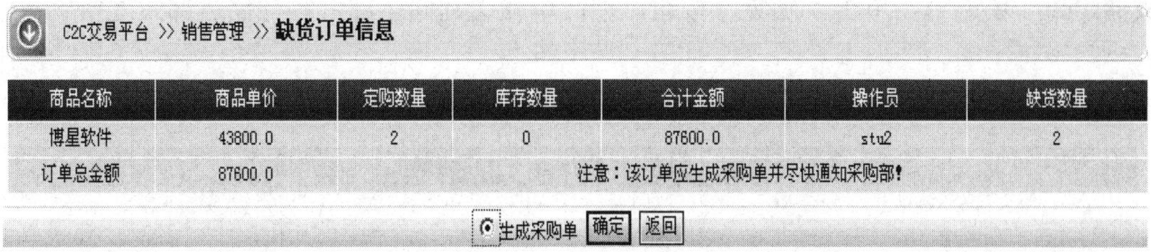

图 5.2.61　缺货订单信息

4) 未确认订单管理

在图 5.2.57 所示界面中单击"未确认订单"按钮，如图 5.2.62 所示是由销售部新订单中发送过来的付款未确认订单。

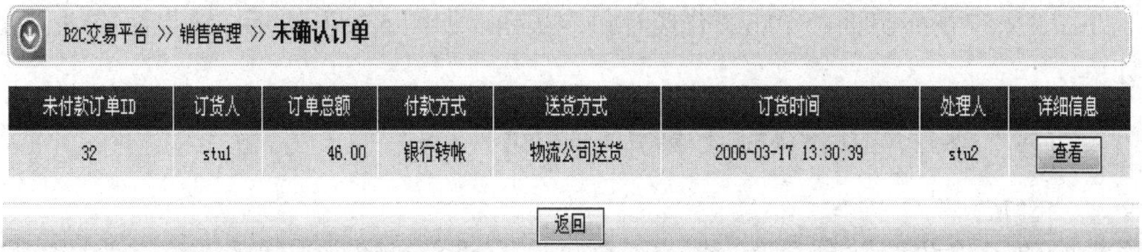

图 5.2.62　未确认订单

要看订单详细信息，单击"查看"按钮，并受理该订单，如图 5.2.63 所示，该界面描述了付款未确认订单的详细信息，并把此订单处理成财务单。选择"生成财务单"单选框，单击"确定"按钮，把此单发送到财务部商城用户订单管理里，等待财务部审核。

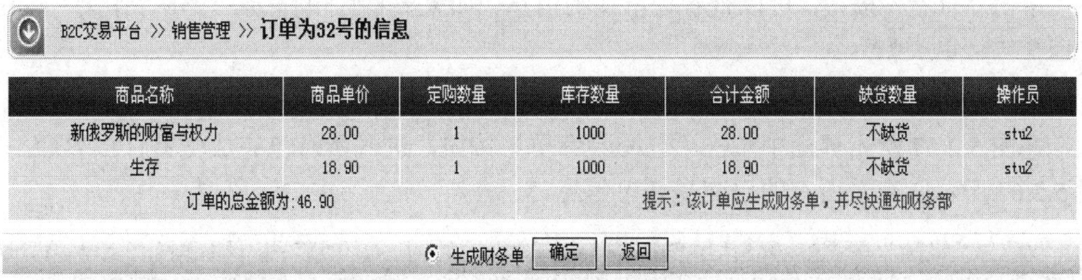

图 5.2.63　未确认订单详细信息

5) 已确认订单管理

在图 5.2.57 所示界面中单击"已确认订单"按钮，如图 5.2.64 所示，该订单是经过财务部审核并发过来的付款已确认订单。

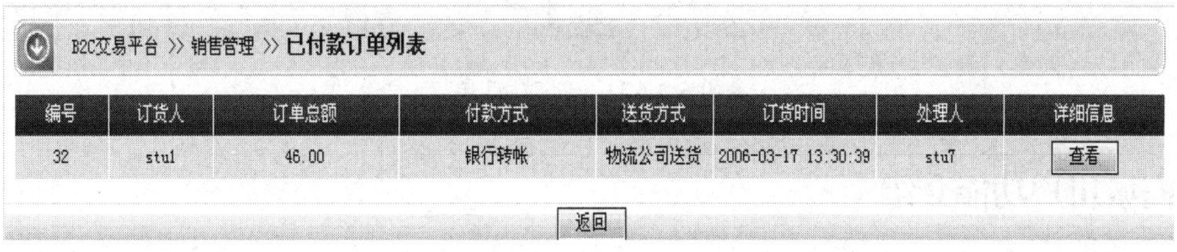

图 5.2.64　已确认订单

要看订单详细信息，单击"查看"按钮，并受理该订单，如图 5.2.65 所示。选择"生成储运单"单选框，单击"确定"按钮，把此单发送到储运部，等待储运部发送货物。

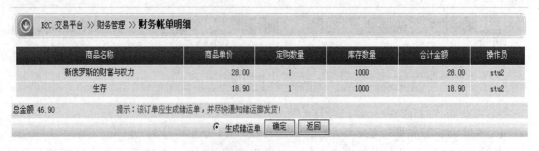

图 5.2.65　已确认订单详细信息

6) 作废订单设置

在图 5.2.57 所示界面中单击"作废订单"按钮，如图 5.2.66 所示，该界面描述了所有的订单。

订单ID	订货人	订单总额	订货时间	订单属性	所属部门	订单来源	操作
32	stu1	46.0	2006-03-17 13:30:39	储运单	储运部	商城用户发出的购买商品订单	作废 查看

图 5.2.66　作废订单

单击"查看"按钮，可以查看订单详细信息。如果要将订单作废，单击"作废"按钮，并选择"订单类型"。

7) 查看所有已完成交易订单

在图 5.2.57 所示界面中单击"已交易订单"按钮，进入所有已完成交易订单界面。如图 5.2.67 所示，查看所有的已交易订单信息。

编号	订单总额	订货人	订货时间	订单属性	最后处理人	交易完成时间
34	133332.00	stu5	2006-03-17 14:04:47	采购部发出的正常商品采购单	stu3	2006-03-17 15:40:57
35	133332.00	stu5	2006-03-17 14:12:02	采购部发出的正常商品采购单	stu3	2006-03-17 15:40:44
36	133332.00	stu5	2006-03-17 14:12:14	采购部发出的正常商品采购单	stu3	2006-03-17 15:40:48
38	33333.00	stu5	2006-03-17 14:33:56	采购部发出的正常商品采购单	stu3	2006-03-17 15:40:50

首页 上一页 下一页 尾页 共4项 1/1

图 5.2.67　已交易订单

6. 商城用户功能介绍

商城用户角色的学生登录进入学生主界面中，单击"上课中，请点击进入"按钮，如图 5.2.68 所示。商城用户角色是在商城中进行购物。

图 5.2.68　商城用户

1) 商城注册及登录

在图 5.2.68 所示界面中左上方单击"注册"按钮，出现"注册条约"界面，如图 5.2.69 所示。

用户注册

注册条约

一、只有注册会员才可以在 B2C 商城上进行购物、订单查询、参加各项优惠活动、发表产品评论等。请记住您的会员号。它是您在商城的唯一识别，您的任何投诉、问题、购买记录，均采用这个会员号处理。而且，您再次光临本站购物会有很大的方便，许多信息不必重新输入。

二、会员名可以是您便于记忆的任何代号比如网名。不过，在注册用户的时候，我们建议您务必输入您的真实信息，我们会为您绝对保密。这样有利于准确发货、提供各项服务、必要时迅速与您联系。

三、B2C 商城首页中上方有"忘记密码"的链接，当您忘记密码时，请点击此处，输入您注册的用户名，系统会自动发送您的密码到您的注册邮箱，您可以收到您的密码，下次登陆 SN 商城时，您可以在我的 B2C 商城中可以重新设置一个您能记住的密码。

四、您随时可以登录"我的银行帐户"，进入"我的注册信息"查看并修改您的注册信息。

五、如果在使用中遇到程序问题或 BUG，请到购物程序助链论坛进行反馈！谢谢支持！

同意注册　我不同意

图 5.2.69　注册条约界面

单击"同意注册"按钮，如图 5.2.70 所示，输入用户的详细信息，单击"同意注册"按钮，弹出"注册成功"提示框，返回到首页，输入注册的用户名、密码进行登录。

用户名：	7	[只读]
密码：		*
真实姓名：	7	[只读]
地区：		
家庭地址：		
送货地址：		*
电话：		*
手机：		
邮编：		
Email：	7@bxdianzi.com	
身份证号：		*
银行帐号：	1091591010390	[只读]

同意注册

图 5.2.70　用户详细信息

2) 银行账户注册

在登录进商城后，注册银行账户。在图 5.2.68 所示界面的右上方单击"银行账户"按钮，弹出图 5.2.71 所示界面。

图 5.2.71　注册银行账户

单击"注册"按钮，选择与课程相对应的银行，如图 5.2.72 所示。

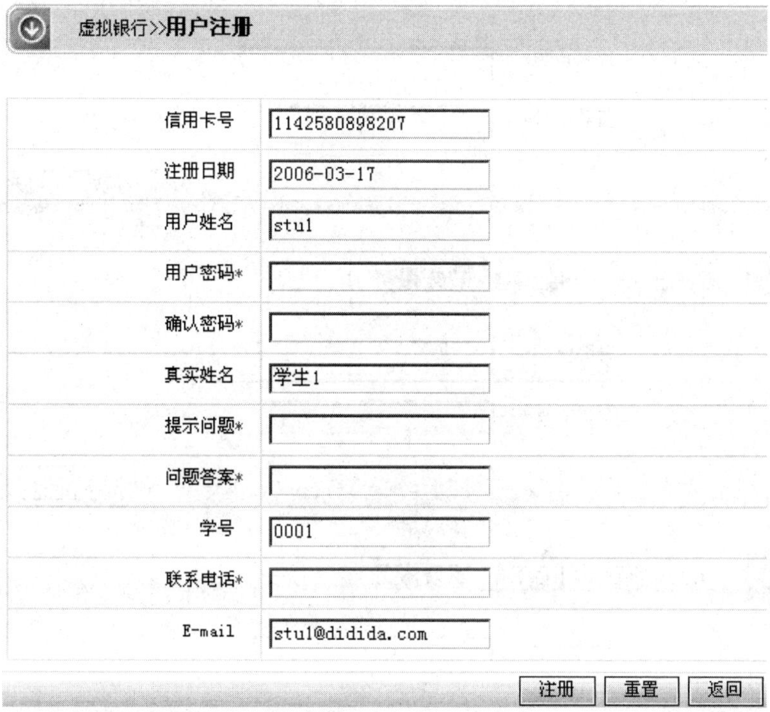

虚拟银行>>**用户注册**	
信用卡号	1142580898207
注册日期	2006-03-17
用户姓名	stu1
用户密码*	
确认密码*	
真实姓名	学生1
提示问题*	
问题答案*	
学号	0001
联系电话*	
E-mail	stu1@didida.com

注册　重置　返回

图 5.2.72　用户注册信息

在图 5.2.72 所示界面中输入用户的详细信息，单击"注册"按钮，弹出"注册成功"提示框，并等待管理员对该用户进行激活。用户被激活以后，在图 5.2.71 所示界面中输入用户名、密码进行登录，如图 5.2.73 所示。

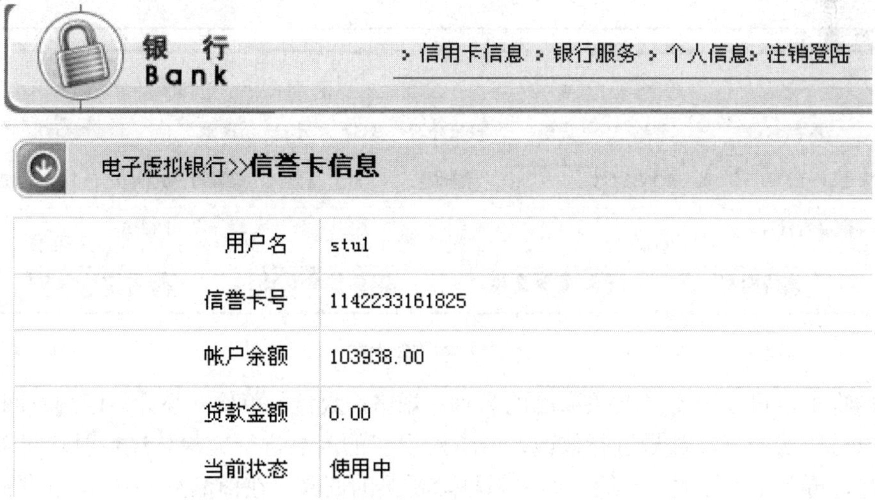

银 行 Bank	：信用卡信息　：银行服务　：个人信息：注销登陆
电子虚拟银行>>**信誉卡信息**	
用户名	stu1
信誉卡号	1142233161825
帐户余额	103938.00
贷款金额	0.00
当前状态	使用中

图 5.2.73　用户银行信息

单击"银行服务"按钮，如图 5.2.74 所示，用户可以进行存款、贷款、转账、取现等服务，并等待管理员进行审核。

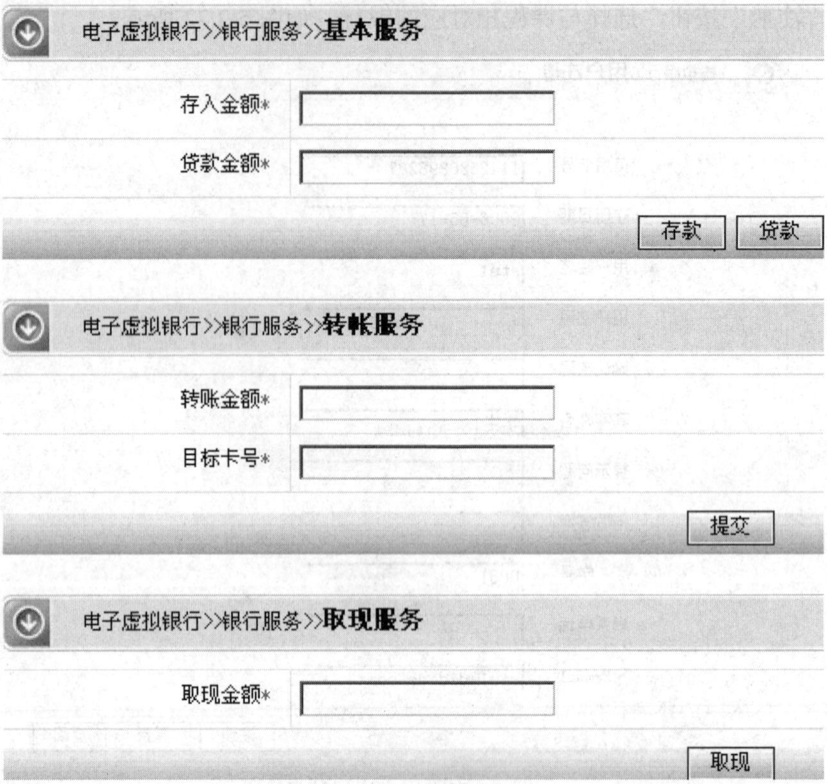

图 5.2.74　银行服务

3) 购物车

购物车是用来装载用户在网城中要购买的商品的,在操作界面中,单击要购买的商品,如图 5.2.75 所示。

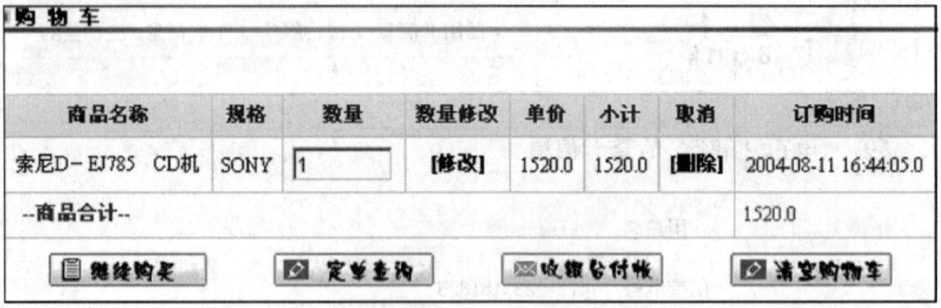

图 5.2.75　购物车

在购物车里可以查看到购买商品的名称、规格、数量、单价、小计、订购时间、合计。同时可以对要买的商品数量进行修改,或者对要买的商品进行删除。在数量栏里输入要购买的数量,再单击"修改"按钮,如果想删除要买的商品,在商品后面单击"删除"按钮。如果想继续购物,则单击"继续购买"按钮,返回到购物前台。如果购物车里的商品都不想要,则单击"清空购物车"按钮。如果想要购买购物车里的商品,则单击"收银台付账"按钮,如图 5.2.76 所示。

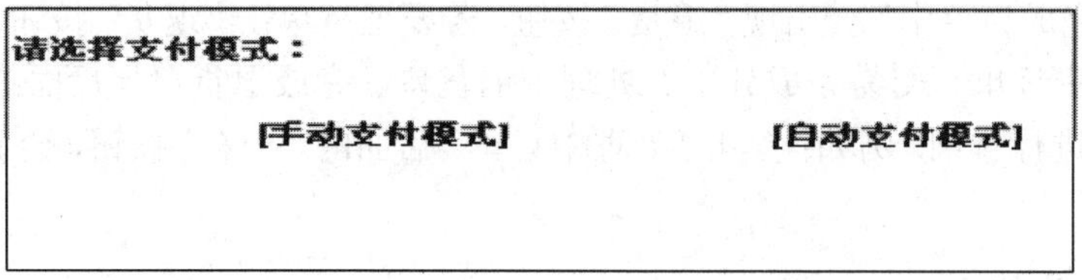

请选择支付模式：

[手动支付模式]　　　　　　　[自动支付模式]

图 5.2.76　支付模式

单击"手动支付模式"按钮，如图 5.2.77 所示。

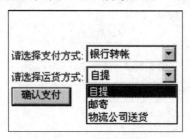

图 5.2.77　手动支付模式

选择"支付方式"和"运货方式"后，单击"确认支付"按钮，如图 5.2.78 所示。输入"银行密码"，单击"确认转账"按钮，弹出"支付成功"提示框。

收款银行帐号	1212121212
转帐金额	1520.0
银行用户	7
银行密码	

确认转账　取消转账

图 5.2.78　确认转账

在图 5.2.76 所示界面中单击"自动支付模式"按钮，如图 5.2.77 所示，选择"请选择支付方式"和"请选择运货方式"选项后，单击"确认支付"按钮，弹出"支付成功"提示框。

4) 订单查询

在操作界面的上方单击"订单查询"按钮，如图 5.2.79 所示，可以对"处理中订单[*]、交易完成订单、处理中退货单、完成退货单"进行详细查看。

定单查询

处理中定单	交易完成定单	处理中退货单	完成退货单		
订单编号	支付方式	运货方式	订单合计	订购时间	订单明细
275	银行转帐	物流公司送货	1520.0	2004-08-11 17:05:08	[-查看-]
276	银行转帐	物流公司送货	1520.0	2004-08-11 17:10:02	[-查看-]
277	银行转帐	物流公司送货	1520.0	2004-08-11 17:11:35	[-查看-]

图 5.2.79　订单查询

---

[*] 软件界面中显示为"定单"，这是软件本身的错误，正确者为"订单"。

在"交易完成订单中"会出现"退货"按钮，若要退货单击"退货"按钮。单击图5.2.79上方的"处理中订单、交易完成订单、处理中退货单、完成退货单"后面的"查看"按钮可对订单状态进行查询。例如：单击"处理中订单"后面的"查看"按钮，会显示如图5.2.80所示的界面。

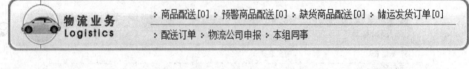

定 单 明 细

商品编号	商品名称	数量	单价	小计
108	索尼D-EJ785 CD机	1	1520.0	1520.0

返回查看

图 5.2.80 处理中订单的明细

7. 物流业务功能介绍

1) 物流业务角色登录

物流业务是处理采购部以及储运部的商品入库配送和出库的配送过程。物流角色登录成功后的界面如图 5.2.81 所示。

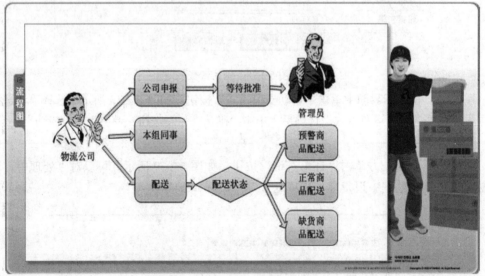

图 5.2.81 物流角色

2) 商品配送

在图 5.2.81 所示界面的上方单击"商品配送"按钮，如图 5.2.82 所示，显示由采购部所采购的正常商品，由物流业务配送至储运部门的订单。单击"立即配送"按钮，商品送入仓储部门。

图 5.2.82　商品配送

3) 预警商品配送

在图 5.2.81 所示界面的上方单击"预警商品配送"按钮，如图 5.2.83 所示，显示由采购部所采购的预警商品，由物流业务配送至储运部门的订单，单击"立即配送"按钮配送该种物品。

采购单ID	采购商品ID	采购商品名称	已采购数量	采购总金额	采购部申请人	财务部确认人	确认时间	是否入库
35	180	博星软件	4	133332.00	stu5	stu5	2006-03-17 14:12:38	立即配送
36	180	博星软件	4	133332.00	stu5	stu5	2006-03-17 14:12:40	立即配送
38	180	博星软件	1	33333.00	stu5	stu5	2006-03-17 15:07:07	立即配送

图 5.2.83　预警商品配送

4) 缺货商品的配送

在图 5.2.81 所示界面的上方单击"缺货商品配送"按钮，如图 5.2.84 所示为采购部所采购的缺货商品，由物流业务配送至储运部门的订单。

订单ID	订货人	订单总额	送货方式	订货时间	处理人	订单明细
33	stu1	87600.00	物流公司送货	2006-03-17 13:42:20	stu7	查看

图 5.2.84　缺货商品配送

5) 储运发货订单

在图 5.2.81 所示界面的上方单击"储运发货订单"按钮，如图 5.2.85 所示。此为由销售部处理完交由物流用户处理的订单。单击"立即送货"按钮，货物成功配送。

图 5.2.85　储运发货订单

6) 配送订单管理

在图 5.2.81 所示界面的上方单击"配送订单"按钮，如图 5.2.86 所示，在此查看处理的所有订单记录。

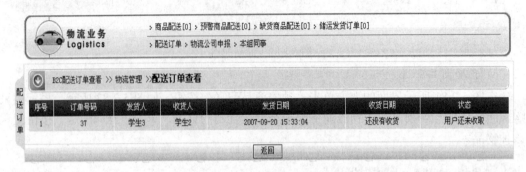

图 5.2.86　配送订单管理

7) 物流公司申报

在图 5.2.81 所示界面的上方单击"物流公司申报"按钮，如图 5.2.87 所示，填写完各项数据后单击"提交"按钮，可以申报自己的物流公司，开展各种业务。

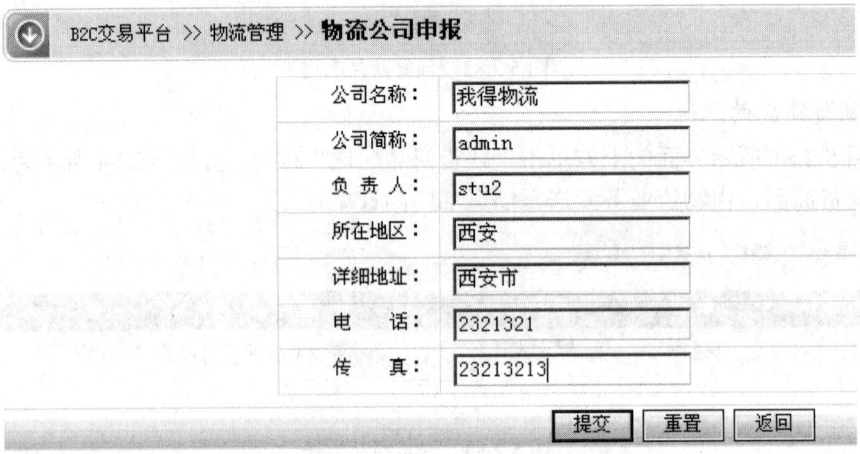

图 5.2.87　物流公司申报

5.3　实验一：B2C 正常消费流程

1. 实验概述

因为在网上的 B2C 网站，我们只能以消费者的身份登录，购买了以后根本看不到后台处理的流程，为了更加清楚地认识网站后台处理的细节，我们设计了本次实验。

在本次实验中，我们将以一个小组的合作为主要实验方式，最终让大家体会商城内部各部门之间是如何配合的，一个交易是如何完成的。

2. 实验目标

(1) 了解 B2C 交易的含义，熟悉 B2C 交易流程。

(2) 各角色掌握自己角色的操作流程。

(3) 掌握 B2C 交易中后台的详细处理过程。

3. 实验任务

(1) 登录博星卓越电子商务教学实验系统，按照分配的小组，参考实验说明书进行实验。

(2) 各小组配合，根据日志提示进行 B2C 正常交易流程操作。

(3) 完成实验流程，填写实验报告，并提交给老师。

4. 实验步骤

因为此次 B2C 交易流程是需要一个小组配合来进行的。所以下面分别介绍每个角色的操作流程。

1) 商城用户

当老师部署好一节 B2C 模式课程以后，学生登录实验系统操作界面后，就可以进入课堂了，如图 5.3.1 所示。

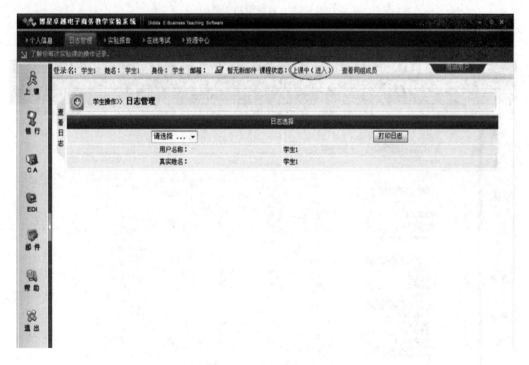

图 5.3.1　学生操作界面

登录成功后，单击主界面上方的"上课中(进入)"按钮进入上课课堂。商城用户登录进入图 5.3.2 所示界面。

图 5.3.2　商城用户主界面

单击左边的"注册"按钮，进行用户注册，如图 5.3.3 所示。

图 5.3.3　用户注册

　　首先须注册银行账号，才能进行用户注册。单击"注册银行"按钮进入图 5.3.4 所示界面。

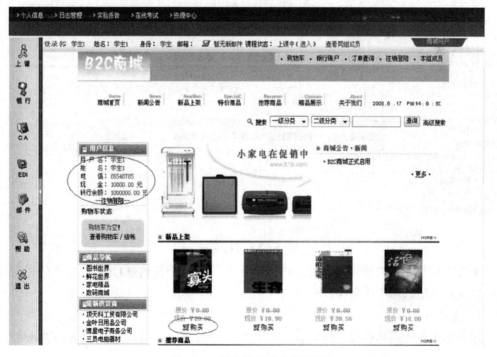

图 5.3.4　注册银行

　　注册银行成功后，等待银行管理员开通自己的账号，方可注册 B2C 商城用户。成功注册后，返回首页登录。登录成功界面如图 5.3.5 所示。

图 5.3.5　用户登录成功的界面

单击每一个物品下面的"购买"按钮进行购买，进入图 5.3.6 所示界面。

■ 购 物 车

商品名称	规格	数量	操作	单价	小计	取消	订购时间
新俄罗斯的财富与权力	本	1	[修改]	28.00	28.00	[删除]	2008-06-17 14:22
--商品合计--							28.00

[继续购买]	[定单查询]	⟨ [收银台付帐] ⟩	[清空购物车]

图 5.3.6　购物车

单击"收银台付账"按钮进入图 5.3.7 所示选择支付模式界面。

■ 收 银 台

请选择支付模式：

[手动支付模式]　　　　　　[自动支付模式]

图 5.3.7　收银台

选择"自动支付模式"按钮，进入图 5.3.8 所示界面。

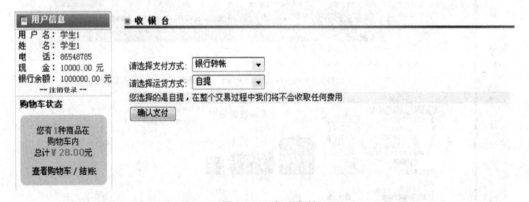

图 5.3.8　自动支付

单击"确认支付"按钮，支付成功。等待下一个环节(销售部)处理。当然选择支付模式的时候，其他的也可以选择。

2) 销售部

销售部角色的同学登录系统以后，单击"上课中(进入)"按钮进入课堂。进入图 5.3.9 所示界面。

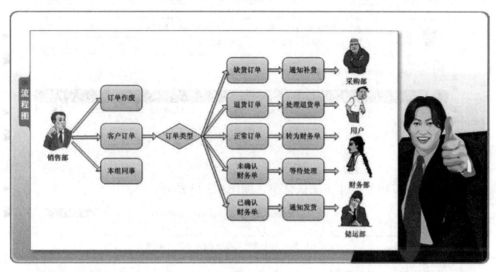

图 5.3.9　销售部

可以看到，刚才商城用户购买的订单已经转到了销售部，单击"客户订单"按钮，出现订单详细信息。如图 5.3.10 所示。

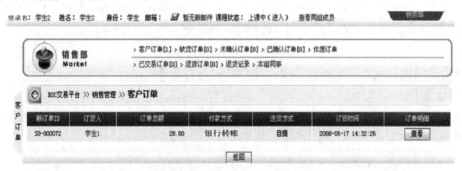

图 5.3.10　客户订单详细信息

单击"查看"按钮，受理此订单。如图 5.3.11 所示。

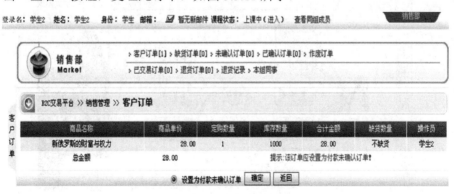

图 5.3.11　受理客户订单

单击"确定"按钮将订单设置为"付款未确认订单"。订单变为"未确认订单",如图5.3.12 所示。

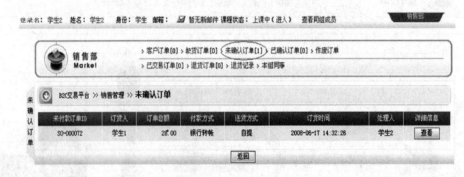

图 5.3.12　未确认订单

单击"查看"按钮受理此未确认订单,如图 5.3.13 所示。

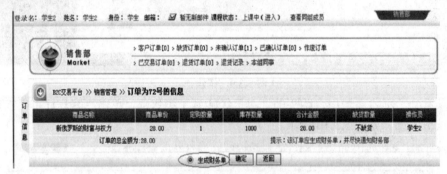

图 5.3.13　受理未确认订单

单击"确定"按钮将生成财务单,流程转交到财务部。

3) 财务部

财务部角色的同学登录系统以后,单击"上课中(进入)"按钮进入课堂。进入图 5.3.14 所示界面。

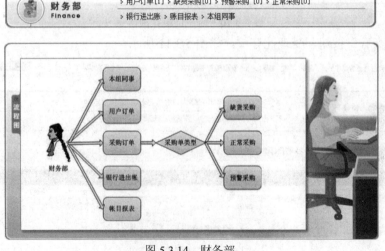

图 5.3.14　财务部

单击"用户订单"按钮，受理由销售部流转过来的订单。前提是已经注册了银行账号，如果没有注册，系统将提示注册 B2C 银行账号。提示界面如图 5.3.15 所示。

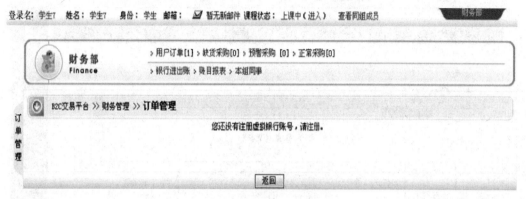

图 5.3.15　提示注册银行账号

单击"注册"按钮注册 B2C 银行，等待银行管理员开通以后，就可以受理订单了。订单管理界面如图 5.3.16 所示。

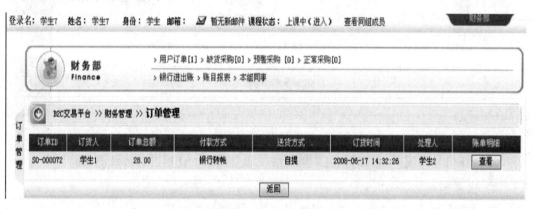

图 5.3.16　订单管理

单击"查看"按钮受理订单。进入图 5.3.17 所示界面。

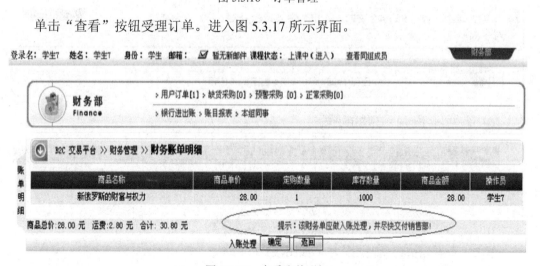

图 5.3.17　查看账单明细

单击"确定"按钮，财务单进行入账处理。进入图 5.3.18 所示界面。

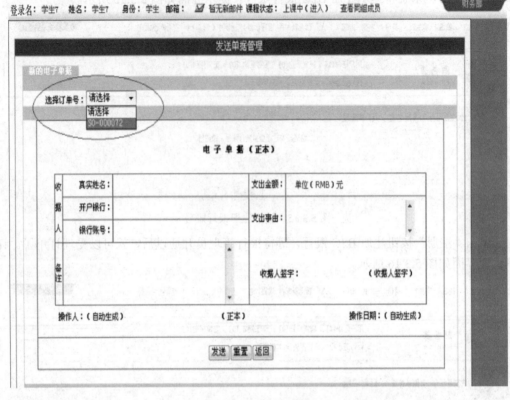

图 5.3.18　入账处理

选择订单号，填入相关的数据，单击"发送"按钮，订单再次转到销售部。

4) 销售部

此时销售部就可以看到订单已经被确认了，如图 5.3.19 所示。

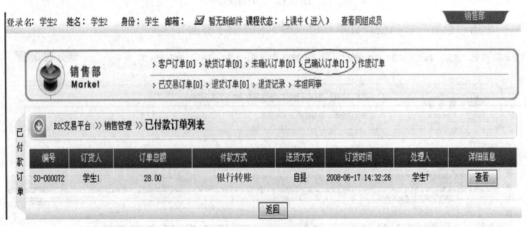

图 5.3.19　已确认订单

单击"查看"按钮受理此订单，如图 5.3.20 所示。

单击"确定"按钮生成储运单，订单转到储运部进行储运。

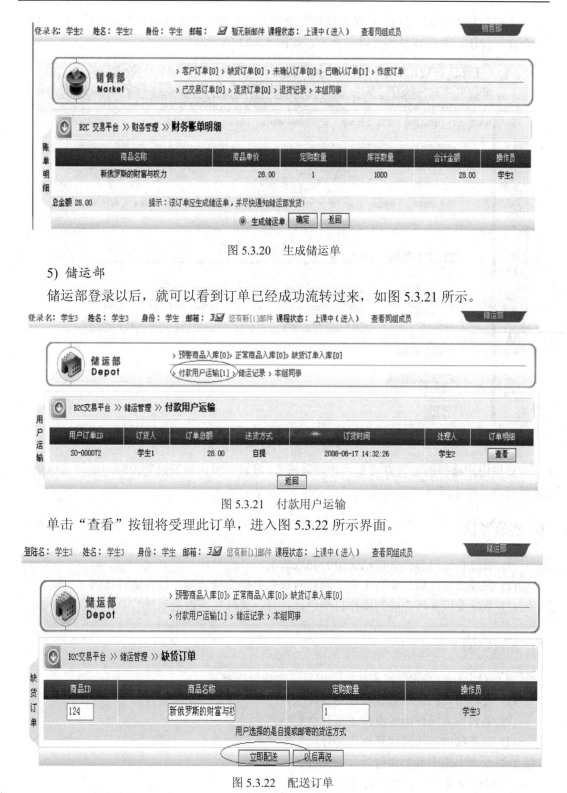

图 5.3.20　生成储运单

5) 储运部

储运部登录以后，就可以看到订单已经成功流转过来，如图 5.3.21 所示。

图 5.3.21　付款用户运输

单击"查看"按钮将受理此订单，进入图 5.3.22 所示界面。

图 5.3.22　配送订单

单击"立即配送"按钮开始配送此次订单中的货物。如果商城用户购买的时候，运货方式选择的是"自提"选项，本次正常购买流程到此结束，当商城用户登录以后，单击"订单查询"按钮，就能够看到可以收货了，如图 5.3.23 所示。

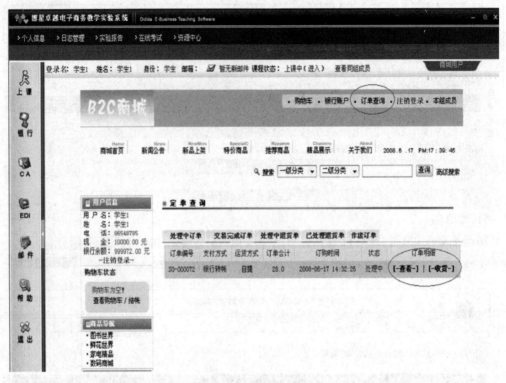

图 5.3.23　查看收货

如果用户选择的运货方式是"物流运输"，最后一步还要通过物流部运输，商城用户才能收货，整个流程才能完成。

5．实验考核

(1) 通过查询日志查看自己实验的完成情况。

(2) 完成实验以后，填写主界面的实验报告并提交给老师，以备老师批阅。

(3) 系统会根据所完成的操作自动进行打分，老师也可以对系统打分结果进行修改。

6．实验总结

以小组合作的方式完成本次实验以后，考虑以下问题：

(1) 商城用户的操作流程及作用是什么？

(2) 销售部的操作流程及作用是什么？

(3) 财务部的操作流程及作用是什么？

(4) 一个小组中各个角色是如何配合的？

(5) B2C 交易中后台如何处理订单？

B2C 电子商务模拟实验通过模拟真实的 B2C 交易，使大家详细了解 B2C 交易流程，并且体会到部门之间相互配合的重要性，现实操作中也是这样，只有相互配合，相互帮助，才能够做得更好。

5.4　实验二：B2C 正常采购流程

1. 实验概述

作为普通的消费者，是看不到真实的 B2C 流程的后台管理的，当然这就包括了采购部这样一个重要的部门，但是要想深刻地了解 B2C 交易流程，又不得不考虑采购部门的功能。事实上，一个企业，一个公司，要想降低成本，同时得到丰厚的利润，从公司采购上狠下工夫，足以得到满意的效果。一家公司，如果其采购物料的费用占到其销售产品成本的 55%，那么采购费用每下降 1%，对利润增长所做出的贡献，相当于销售额增加 12%～18%所带来的利润增长。国内生产企业，一般情况下采购支出占产品生产成本的 30%～70%，可见采购费用的下降对提高利润率有何等巨大的潜力。除了降低成本增加利润以外，企业还需考虑以下两点：第一，保证产品质量是关键，优质的输入保证优质的产出；第二，增强竞争力是重要手段，与供应商结成战略联盟的关系，共同开发新材料，强化供应链管理，降低库存，保证到货的及时性，从而取得竞争对手所不能具有的竞争优势。

正因为一个公司的采购部门如此重要，因此我们研究了采购部门的任务，专门设计了此次实验，为了解和熟悉一个公司的采购部门职能提供一次实践的机会。

2. 实验目标

(1) 熟悉 B2C 采购流程。
(2) 熟悉采购部门职能。
(3) 熟悉采购后台处理。

3. 实验任务

(1) 登录博星电子商务教学系统，按照分配的小组，参考实验说明书进行实验。
(2) 各小组配合，根据日志提示进行 B2C 采购流程操作。
(3) 完成实验流程，填写实验报告，并提交给老师。

4. 实验步骤

1) 采购部

当老师部署好一节 B2C 课程时，学生(采购部角色)登录博星电子商务教学实验系统操作界面后，单击"上课中(进入)"按钮进入课堂。如图 5.4.1 所示。

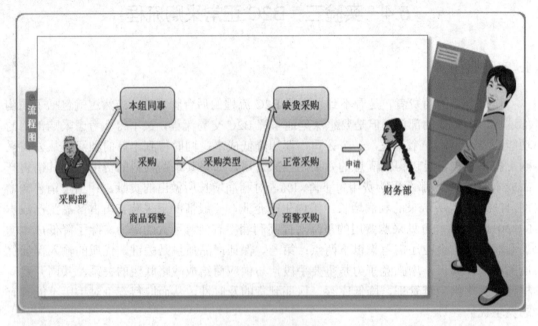

图 5.4.1　采购部界面

单击"商品采购"按钮来进行采购,因为这是模拟的过程,采购前的货比三家、价格商议等等应该提前做好的工作默认已经做好了,进入图 5.4.2 所示界面。

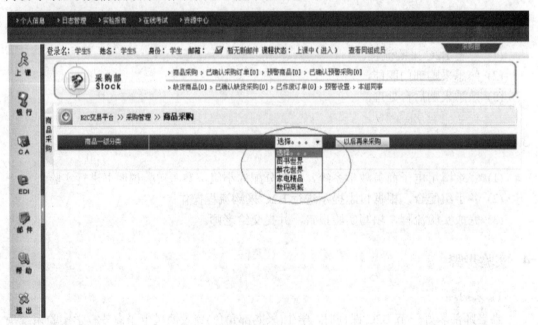

图 5.4.2　商品采购

选择要采购的商品一级分类,选中以后,出现该商品一级分类下的二级分类,如图 5.4.3 所示。

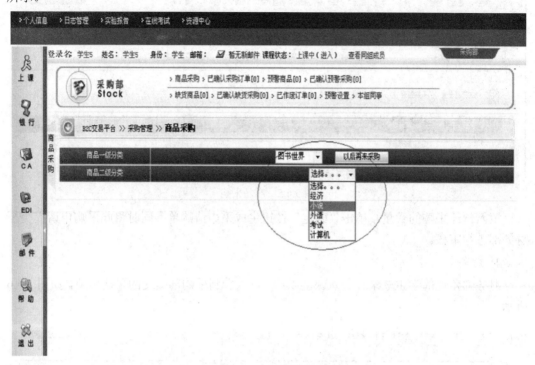

图 5.4.3　选择分类

在图中选择好二级分类，出现该二级分类下面所有的商品，如图 5.4.4 所示。

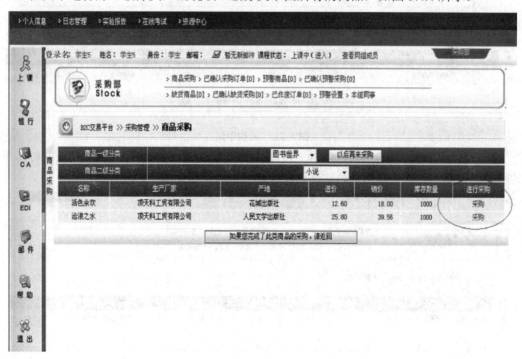

图 5.4.4　分类商品列表

单击每一个商品后面的"采购"按钮对该商品进行采购，如图 5.4.5 所示。

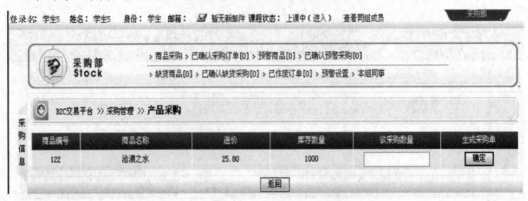

图 5.4.5　产品采购

填入预计采购的数量，单击"确定"按钮生成采申请购单。同时将此采购申请提交至财务部进行审核。

2) 财务部

财务部角色的学生登录并进入课堂以后，可以看到采购部提交的采购申请，如图 5.4.6 所示。

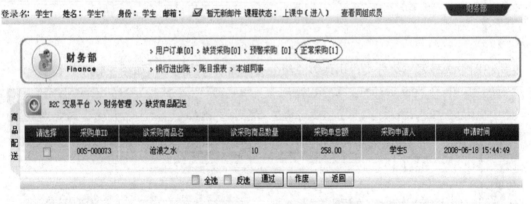

图 5.4.6　采购申请

选择将要处理的采购申请，单击"通过"按钮成功通过采购部提交的申请。此时，申请单已经被确认，采购部需要再次确认。采购部可以看到如图 5.4.7 所示界面。

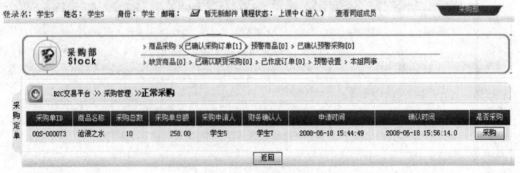

图 5.4.7　确认采购

单击"采购"按钮正式进行采购，此时，采购成功，采购部门的任务完成。下一步，该物流企业发挥作用了。

3) 物流企业

物流企业登录后，可以看到订单已经转交到物流部，如图 5.4.8 所示。

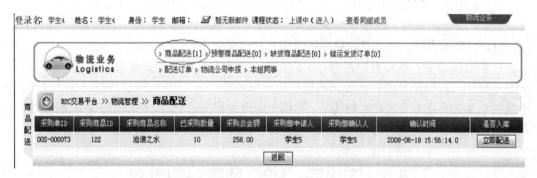

图 5.4.8　商品配送

单击"立即配送"按钮对该采购商品进行配送。然后储运部将商品入库，一次商品采购流程完成。

4) 储运部

储运部登录以后，对此次购买进行入库操作，如图 5.4.9 所示。

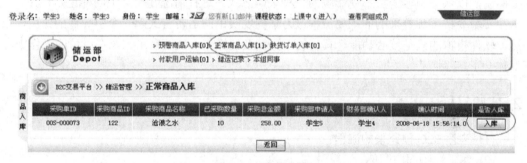

图 5.4.9　商品入库

单击商品后面的"入库"按钮将商品入库后，此次采购部门正常采购流程完全结束。

这里有一点要清楚，系统提供的商品不提供采购、数量的减少、预警等功能，只有新增的商品才有这些功能。商城管理员负责添加新的商品分类和商品。

另外，系统对于采购部还设计了预警采购功能，具体操作与此次正常采购类似。只要购买商城管理员添加的数量不够的商品就可以了，区别就是采购部等其他部门处理预警采购的地方不一样，流程是一样的。

5. 实验考核

(1) 通过查询日志查看自己实验的完成情况。

(2) 完成实验以后，填写主界面的实验报告并提交给老师，以备老师批阅。

(3) 系统会根据所完成的操作自动进行打分，老师也可以对系统打分结果进行修改。

6. 实验总结

完成本次实验以后，考虑以下问题：

(1) 采购部的职能是什么？

(2) 上网查阅资料，详细了解采购部门对于一个企业的重要性。

(3) 了解采购部、财务部、物流运输部之间的配合方式。

在实验的最后，还要再次强调，采购部在一个企业中起着至关重要的作用。我们的实验并不可能像实际操作那样涉及采购过程中详细的每一步，但是通过此次实验，可以起一个抛砖引玉的作用。大家在实验课后，可以上网查阅相应的资料，详细地了解采购的过程、部门的职能等，只有这样才能够完全体会本次实验的内容，将知识转化为能力。

5.5　实验三：B2C 预警采购流程

1. 实验概述

预警采购，按照字面意思理解，是在货物的数量低于设置的一个"警戒线"时，需要提前采购以保证顾客购买不受影响的一种采购方式。这种情况在实际中同样也是存在的。本次实验模拟了预警采购的主要流程，为掌握现实中的运转方式起一个引导性的作用，当然，软件模拟的只是核心功能，真实的、更复杂的操作，就有待于大家在以后的工作中详细体会了。

2. 实验目标

(1) 熟悉 B2C 预警采购流程。

(2) 熟悉采购部门职能。

(3) 熟悉预警采购后台处理的方法。

3. 实验任务

(1) 登录博星电子商务教学系统，按照分配的小组，参考实验说明书进行实验。

(2) 各小组配合，根据日志提示进行 B2C 预警采购流程操作。

(3) 完成实验流程，填写实验报告，并提交给老师。

4. 实验步骤

首先商城管理员必须添加能够完成预警采购流程的商品(系统自带的商品不支持预警采购)。

1) 商城管理员

商城管理员进入课堂的界面如图 5.5.1 所示。

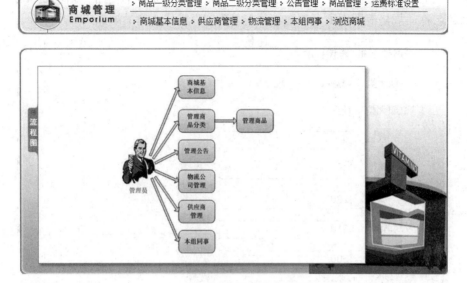

图 5.5.1　商城管理员界面

单击"商品一级分类"按钮，添加新的分类。如图 5.5.2 所示，填写类别名称，单击"确定"按钮，就可以新添加一个商品一级分类。

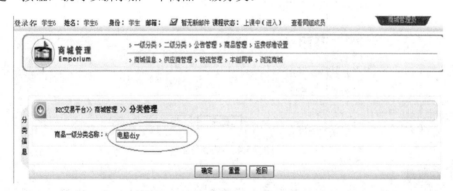

图 5.5.2　添加一级分类

再单击"商品二级分类"按钮，选择刚才添加的一级分类，添加此一级分类的二级分类。如图 5.5.3 所示，填写完成后单击"确定"按钮，添加成功。

图 5.5.3　添加二级分类

选择图 5.5.3 的"商品管理"选项添加刚才添加的二级类别下的商品。如图 5.5.4 所示，填写商品的名称、规格等图中所示参数，单击"确定"按钮，商品添加成功。

商品名称	希捷160G
一级大类	电脑diy
二级大类	硬盘
规格	个
单位	个
进价	290
原始销价	310
现销价	300
产地	广东
生产厂家	顶天科工贸有限公司 ▼
产品状态	新品上架 ▼
描述	硬盘|

确定　　返回

图 5.5.4　添加商品

2) 采购部

当商品添加成功，但是商品数量低于预警下限时，采购部门就会出现采购提示。采购部门登录以后，进入图 5.5.5 所示界面。

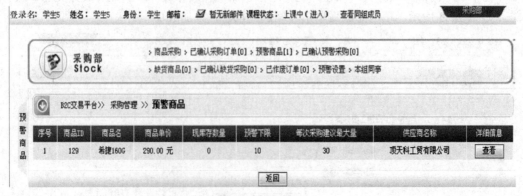

图 5.5.5　预警商品

单击"查看"按钮处理该采购信息，进入图 5.5.6 所示界面。

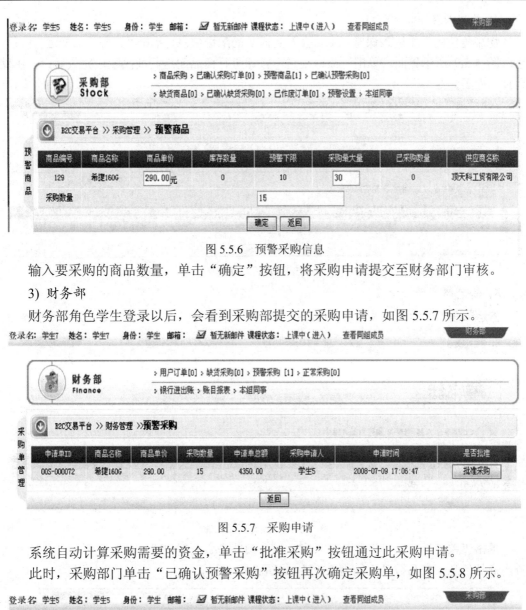

图 5.5.6　预警采购信息

输入要采购的商品数量，单击"确定"按钮，将采购申请提交至财务部门审核。

3）财务部

财务部角色学生登录以后，会看到采购部提交的采购申请，如图 5.5.7 所示。

图 5.5.7　采购申请

系统自动计算采购需要的资金，单击"批准采购"按钮通过此采购申请。

此时，采购部门单击"已确认预警采购"按钮再次确定采购单，如图 5.5.8 所示。

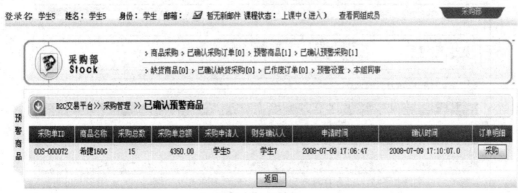

图 5.5.8　已确认预警商品

单击"采购"按钮进行采购。采购成功以后，物流业务部就需要对此商品进行配送了。

4) 物流业务

物流角色的学生进入课堂以后，会看到商品的配送信息，单击"预警商品配送"按钮，进入图 5.5.9 所示界面。单击"立即配送"按钮进行商品配送。商品配送完成后，就由储运部入库了。

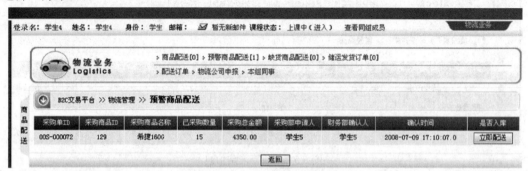

图 5.5.9　预警商品配送

5) 储运部

储运部角色的学生进入课堂以后，单击"预警商品入库"按钮，进入图 5.5.10 所示界面。

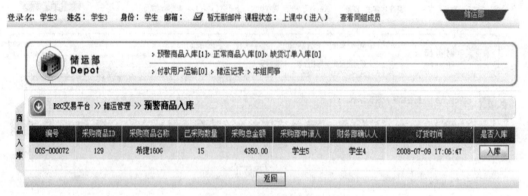

图 5.5.10　预警商品入库

单击"入库"按钮，将该商品入库。一个预警采购流程完成。此时，商城管理员再次查看商品信息，商品数量已经为 15 个，如图 5.5.11 所示。

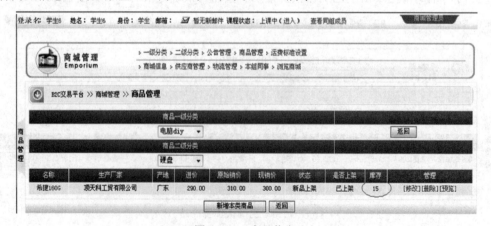

图 5.5.11　商品信息

5. 实验考核

(1) 通过查询日志查看自己实验的完成情况。

(2) 完成实验以后，填写主界面的实验报告并提交给老师，以备老师批阅。

(3) 系统会根据所完成的操作自动进行打分，老师也可以对系统打分结果进行修改。

6. 实验总结

完成本次实验以后，考虑以下问题：

(1) 采购部的预警功能是如何实现的？

(2) 采购部门对一个企业的重要性具体体现在哪些方面？

(3) 了解预警采购中，采购部、财务部、物流运输部之间的配合。

(4) 预警采购和正常采购有什么区别和联系？

通过这次实验可以看出来，预警采购实际上和现实中库房的一个预警功能很相似，当商品的数量小于一个值的时候，系统就会自动判别出来，然后提示采购部门进行购买，这也是电子商务网络化的一个优势。系统和实验模拟了主要的操作步骤，现实中的操作要复杂得多，而且有入库、出库等实物操作。希望大家能够通过这次采购部预警采购实验，再次深刻地理解采购部对于一个企业的重要性。

5.6　实验四：B2C 缺货购买流程

1. 实验概述

在真实的 B2C 交易流程中，我们所体会的都是消费者的流程。所以对于 B2C 交易模式来说，购买流程是一个很重要的流程。此次实验设计了 B2C 缺货购买流程，当然，在实际中缺货购买体会可能比较少。所以，这次实验的意义也是非常重要的。值得一提的是，在设计上面，着重凸显了后台处理的详细操作，对理解 B2C 中的 B(企业)有非常大的帮助。

2. 实验目标

(1) 了解 B2C 缺货购买流程的含义。

(2) 熟练掌握 B2C 交易流程操作。

(3) 各角色掌握自己角色的操作流程。

3. 实验任务

(1) 登录博星电子商务教学系统，按照分配的小组，参考实验说明书进行实验。

(2) 各小组配合，根据日志提示以及实验指导书进行 B2C 缺货交易流程操作。

(3) 完成实验流程，填写实验报告，并提交给老师。

4. 实验步骤

1) 商城用户

当老师部署好一节 B2C 模式课程，学生登录实验系统操作界面后，就可以进入课堂了，如图 5.6.1 所示。

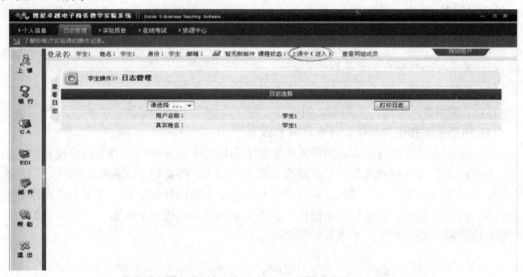

图 5.6.1　系统操作界面

登录成功以后，单击主界面上方的"上课中(进入)"按钮进入课堂。商城用户登录进入图 5.6.2 所示界面。

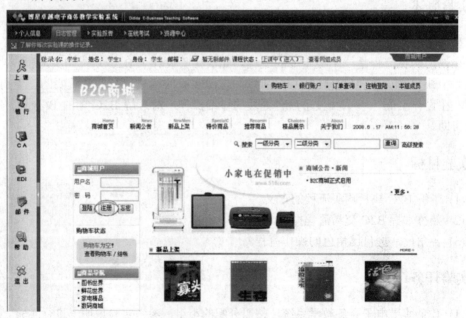

图 5.6.2　商城用户界面

单击左边的"注册"按钮进行用户注册，如图 5.6.3 所示。

图 5.6.3　用户注册

首先注册银行账号，才能进行用户注册。单击"注册银行"按钮进入图 5.6.4 所示界面。

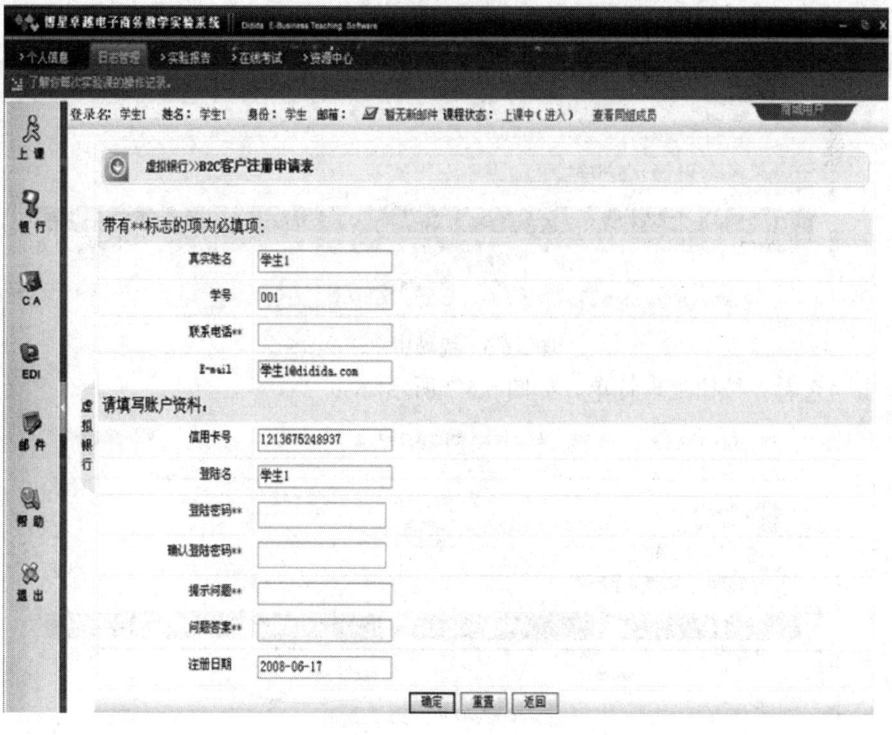

图 5.6.4　注册银行

注册银行成功后，等待银行管理员开通自己的账号，方可注册 B2C 商城用户。成功注册后，返回首页登录。登录成功界面如图 5.6.5 所示。

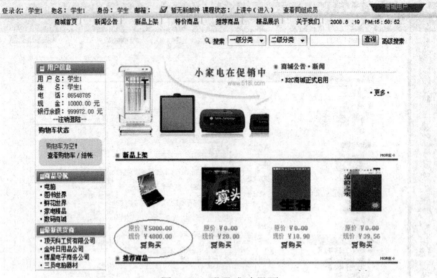

图 5.6.5　登录成功界面

单击新品上架第一种商品(注：这件商品是商品管理员新添加的)进行购买。同正常购买流程一样依然要选择支付模式、运货模式。然后将订单转交到销售部。

2) 销售部

销售部登录后进入图 5.6.6 所示界面，显示刚才商城用户提交的订单。

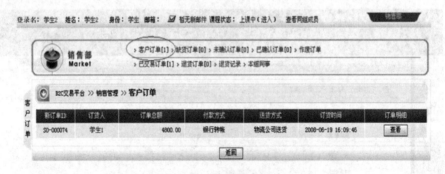

图 5.6.6　商城用户订单

单击"查看"按钮处理订单，如图 5.6.7 所示。

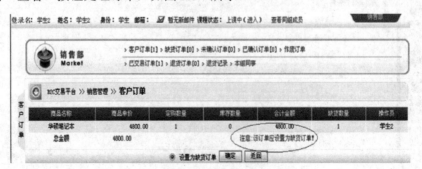

图 5.6.7　处理订单

　　系统会自动判断商城用户购买商品的数量，以区分缺货订单或者正常订单，在此次实验中，此订单被设置为缺货订单。处理以后，在缺货订单里查看，如图 5.6.8 所示。

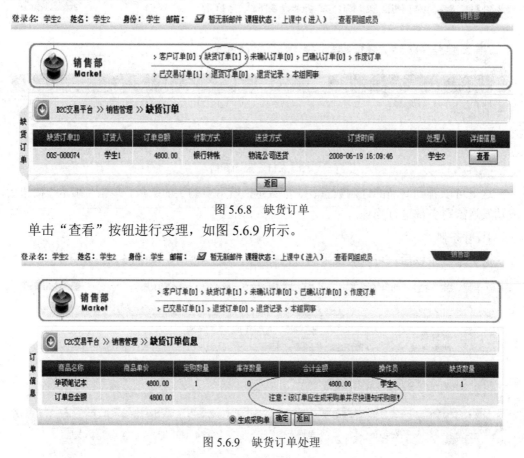

图 5.6.8　缺货订单

单击"查看"按钮进行受理，如图 5.6.9 所示。

图 5.6.9　缺货订单处理

通过提示，可以看到此订单将会生成采购单并转至采购部门进行采购后再进行购买。

3）采购部

采购部登录系统主界面，如图 5.6.10 所示。

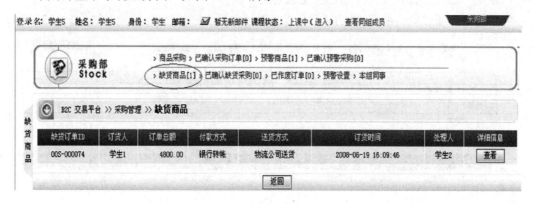

图 5.6.10　采购部主界面

这个订单是商城用户购买的订单，因为货源不足，所以订单必须转到采购部门先购买好以后才能继续转交。单击"查看"按钮进行受理,进入图 5.6.11 所示界面。

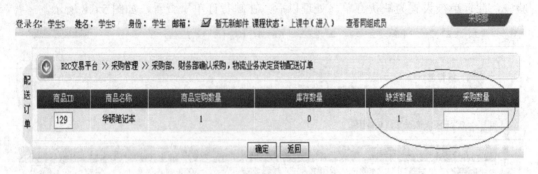

图 5.6.11　采购详情

这里可以看到商品的订购数量、缺货数量,填写要购买的数量,单击"确定"按钮后,成功发送给财务部进行受理。

4) 财务部

财务部登录以后,可以看到采购部门提交过来的采购单,如图 5.6.12 所示。

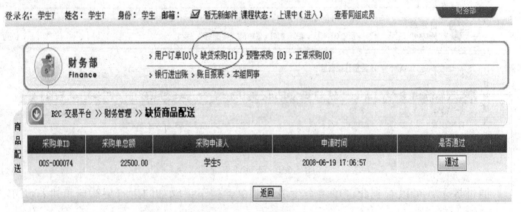

图 5.6.12　财务部采购单

单击"通过"按钮受理采购部提交的采购单。

当财务部通过采购单后,采购部就可以处理订单了,采购部采购单界面如图 5.6.13 所示。

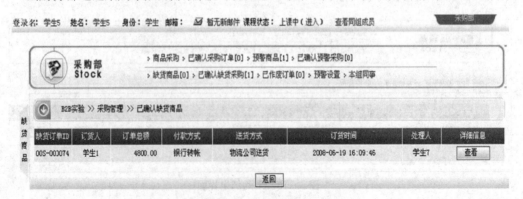

图 5.6.13　采购部采购单

单击"查看"按钮进行受理,受理采购单界面如图 5.6.14 所示。

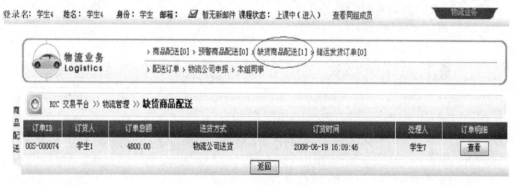

图 5.6.14   受理采购单

单击"采购"按钮进行购买。下一步,该到物流部门配送商品了。

5) 物流部

物流部门登录以后,可以看到该缺货商品,缺货商品界面如图 5.6.15 所示。

图 5.6.15   缺货商品

单击"查看"按钮受理订单并进行运输。订单转至储运部。

6) 储运部

储运部登录后,将缺货的商品入库,如图 5.6.16 所示。

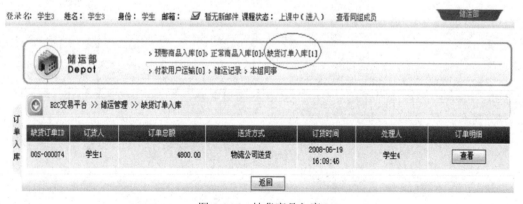

图 5.6.16   缺货商品入库

单击"查看"按钮将缺货商品入库。订单又被转交至销售部。

下面的操作和 B2C 正常购买流程相同。大家可以按照正常购买流程的实验指导进行操作。

5. 实验考核

(1) 通过查询日志查看自己实验的完成情况。

(2) 完成实验以后，填写主界面的实验报告并提交给老师，以备老师批阅。

(3) 系统会根据所完成的操作自动进行打分，老师也可以对系统打分结果进行修改。

6. 实验总结

通过此次 B2C 缺货购买流程我们可以看到，缺货购买与正常购买是有区别的，而区别就在于商品是否缺货。在真实的消费流程中是体会不到购买商品有缺货购买的过程，所以大家一定要仔细体会两种购买流程的联系以及区别。

第 6 章　B2B 电子商务模拟

6.1　B2B 电子商务系统综述

B2B 电子商务系统分为企业用户管理、货场管理、B2B 管理员管理三个模块,其中,企业用户管理又分为前台和后台两个子模块。

企业用户管理前台实现了业务的主要流程,包括企业用户注册、企业用户登录、企业用户发布商品信息(供应信息、采购信息、最新信息、行业信息)、商城公告、反馈意见、会员帮助、查询贸易机会、企业用户管理商品信息、网上定购商品、发出订单管理、接收订单管理、网上支付等功能。

企业用户管理后台负责管理整个系统,包括管理员登录、产品管理、产品分配、增加货场库存、供求信息管理、维护企业信息、财务收支记录、订单管理、提示付款订单(订购方)、交易完成订单(订购方)、缺货订单(供应方)。

货场管理主要包括新订单管理、正常订单管理、缺货订单管理、已付款订单管理、处理问题订单,货场内部管理主要包括维护货场信息、查看货场所有库存商品、财务收支记录。

B2B 管理员管理主要包括行业分类管理、公告管理、商城基本信息管理、供求消息管理、用户信息反馈管理、商城收入日志管理。

6.2　B2B 电子商务实验系统使用介绍

学生角色由教师上课时分配,此处分配学生 1 为企业用户角色,学生 2 为货场角色,学生 3 为 B2B 管理员角色。

学生 1(企业用户角色)功能:产品管理、产品分配、增加货场库存、供求信息管理、维护企业信息、财务收支记录、提示付款订单、交易完成订单、缺货订单、会员注册及登录、查询和采购商品、虚拟银行注册及登录、注销登录。

学生 2(货场角色)功能:新订单管理、正常订单管理、缺货订单管理、已付款订单管理、处理问题订单、维护货场信息、查看货场所有库存商品、财务收支记录、虚拟银行注册及登录。

学生 3(B2B 管理员角色)功能:行业分类管理、公告管理、商城基本信息管理、供求消息管理、用户信息反馈管理、商城收入日志管理。

1. 企业用户说明

1) 企业用户注册及登录

学生 1 登录，进入课堂，如图 6.2.1 所示，此界面为企业用户学生 1 的登录界面。

图 6.2.1　企业用户登录界面

单击"注册会员"按钮，填写企业用户的注册信息，商城用户登录名是学生登录名，是不可改变的。注册信息界面如图 6.2.2 所示。

名称	g4	* （限制15字符以内）
真实名称	阳光集团	
密码	●●●●●●	
确认密码	●●●●●●	
负责人	郭向阳	
地区	西北	
详细地址	西安市	
电话	02981907032	
传真	74567	
银行账号	1142474767372	

确认　取消

图 6.2.2　注册信息界面

注意：在注册前应先注册虚拟银行账号，如图 6.2.3 所示。

图 6.2.3　注册虚拟银行账号

单击"注册"按钮，填写注册信息，如图 6.2.4 所示。注册成功后，返回登录界页面，等待银行管理员开通账号。

虚拟银行>>用户注册	
信用卡号	1142576374487
注册日期	2006-03-17
用户姓名	g1
用户密码*	●●●●●●
确认密码*	●●●●●●
真实姓名	g1
提示问题*	wo shi shui
问题答案*	wo shi wo
学号	01
联系电话*	123123123
E-mail	g1@didida.com

注册　重置　返回

图 6.2.4　银行注册信息

2) 企业用户后台管理

单击"进入后台"按钮，进入企业用户管理界面，如图 6.2.5 所示。

图 6.2.5　企业用户管理界面

此界面为企业用户管理主界面，功能如图 6.2.6 所示。

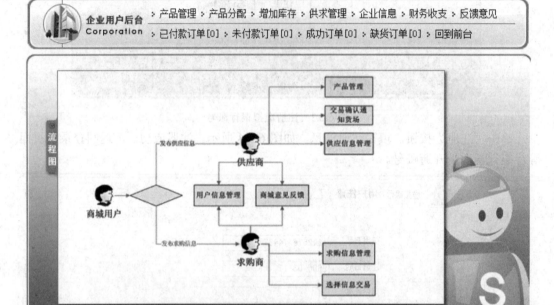

图 6.2.6　企业用户功能

单击"产品管理"按钮，增加新产品，输入产品的详细信息，如图 6.2.7 所示。

产品名称	汽车
计价单位	辆
生产成本	30000　元
销售价	100000　元
描述	家用汽车

确认　返回

图 6.2.7　输入产品详细信息

单击“确认”按钮，新商品被添加成功，单击“返回”按钮，如图 6.2.8 所示。

产品列表
B2B商城管理 》产品管理 》产品列表
编号
名称
计价单位
成本
销售价格
库存数量
添加日期
操作
34
汽车
辆
30000.00 元/辆
100000.00 元/辆
0 辆
2006-03-17 12:05:21
调整
添加
返回

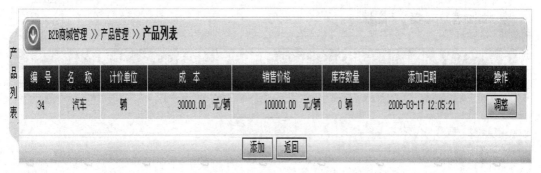

图 6.2.8　产品列表

单击“调整”按钮，进入调整页面，对产品信息进行调整，如图 6.2.9 所示。

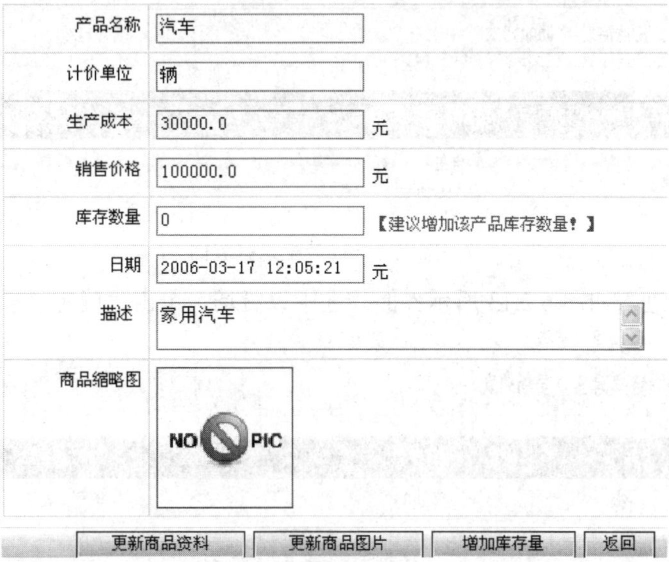
产品名称
汽车
计价单位
辆
生产成本
30000.0
元
销售价格
100000.0
元
库存数量
0
【建议增加该产品库存数量！】
日期
2006-03-17 12:05:21
元
描述
家用汽车
商品缩略图
NO PIC
更新商品资料
更新商品图片
增加库存量
返回

图 6.2.9　产品信息调整

单击“增加库存量”按钮，弹出确认对话框。单击“确定”按钮，进入增加产品库存界面，如图 6.2.10 所示，填写要增加的商品数量，增加此产品的库存，单击“确定”按钮增加成功。

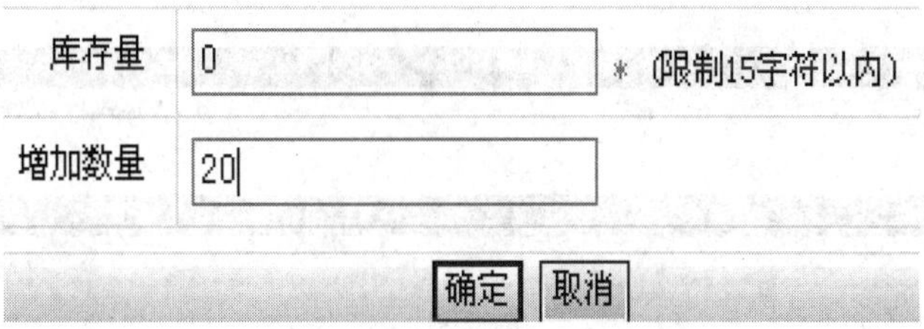
库存量
0
* (限制15字符以内)
增加数量
20
确定
取消

图 6.2.10　增加产品库存界面

添加成功后，可以看到商品已被正常添加，添加后的产品列表如图 6.2.11 所示。

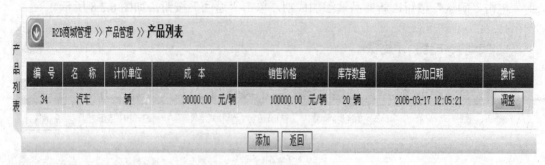

图 6.2.11　添加后产品列表

单击"产品分配"按钮，进入产品分配选择界面，选择准备分配给货场的产品，如图 6.2.12 所示。

图 6.2.12　产品分配选择界面

选定产品后进入如图 6.2.13 所示界面。选中该货场，单击"确定"按钮分配完成。

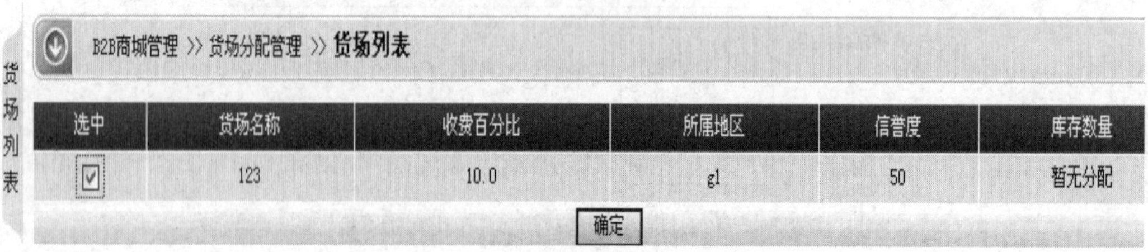

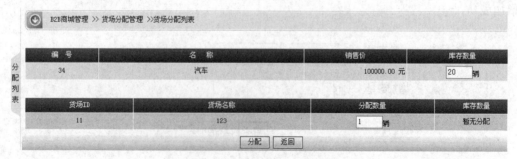

图 6.2.13　货场列表

此时，显示产品分配到货场的详细信息，如图 6.2.14 所示，单击"分配"按钮，完成产品到货场的分配。

图 6.2.14　货场分配列表

单击"增加库存"按钮，对货场的库存进行增加操作，如图 6.2.15 所示。

图 6.2.15　增加库存界面

单击"增加"按钮，输入增加的数目，单击"添加"按钮，货场库存增加成功，如图
6.2.16 所示。

图 6.2.16　增加库存

单击"供求管理"按钮，进行供求信息的发布，在消息种类里选择"供应信息"或"求
购消息"选项，如图 6.2.17 所示。

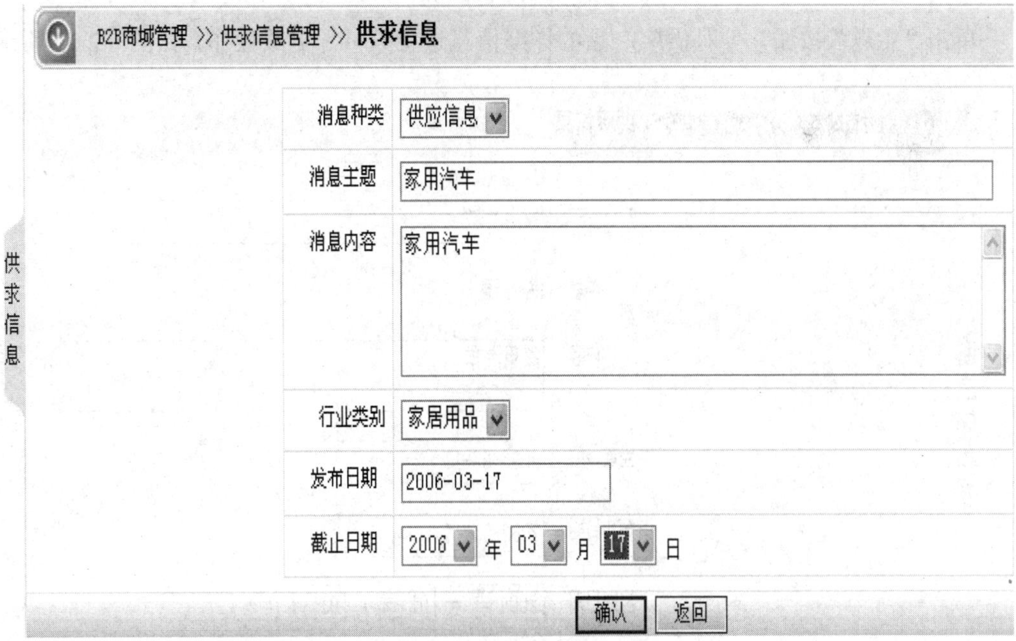

![供求信息界面]

图 6.2.17　供求管理

填写完产品信息后，单击"确认"按钮，弹出窗口，如图 6.2.18 所示，选择发布的产
品，单击"确定"按钮，此时，产品供应消息成功提交。

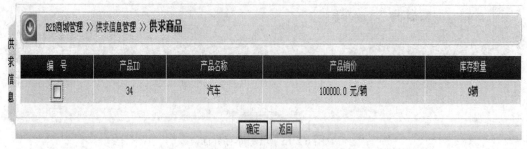

图 6.2.18　产品供应消息提交

单击"返回"按钮后，显示所发布商品的信息，如图 6.2.19 所示。

图 6.2.19　显示所发布商品信息

单击"主题"按钮，可对供应产品的详细信息进行查看、更改操作，如图 6.2.20 所示。

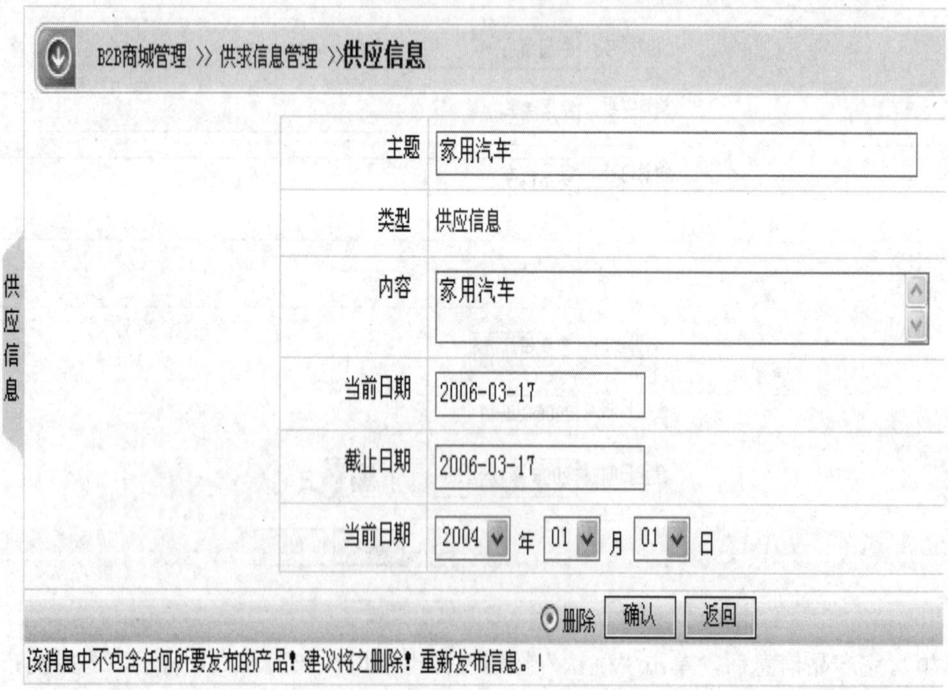

图 6.2.20　编辑供应信息

单击"企业信息"按钮，对企业的基本信息进行维护修改，如图 6.2.21 所示。

企业信息管理 >>企业信息

登录名称	g4
企业名称	阳光集团
企业负责人	郭向阳
所在地区	西北
详细地址	西安市
电话号码	02981907032
传真号码	74567

确认　　返回

图 6.2.21　编辑企业信息

单击"财务收支"按钮，可查看企业的所有财务收支，如图 6.2.22 所示。

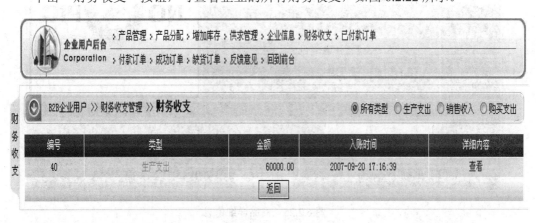

图 6.2.22　财务收支

选择"生产支出"选项，单击"查看"按钮，显示生产支出的详细内容，如图 6.2.23 所示。

图 6.2.23　生产支出

返回前台，在"最新供应"和"最新求购"栏目里有供应商最新发布的信息，如图6.2.24所示。

图 6.2.24　最新发布信息

单击其中的商品，会显示此商品的详细信息，以及供应会员的信息，如图 6.2.25 所示。

图 6.2.25　商品详细信息

单击"确认订购"按钮，此时，商品被订购，显示订购成功，订单正在处理中，如图6.2.26 所示。

图 6.2.26　订购成功

单击“未付款订单”按钮，进行付款操作，如图 6.2.27 所示。

B2B商城管理 >> 订单管理 >>未付款订单
订单列表
订单ID
订购商品
订购数量
订单总额
货场名称
货场处理日期
准备付款
27
汽车
1 辆
100000.00 元
123
2006-03-17 13:32:04
确认
返回

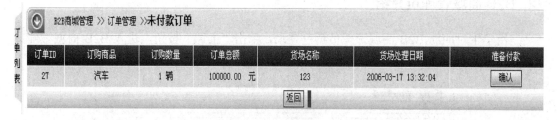

图 6.2.27　未付款订单

单击“确认”按钮，显示如图 6.2.28 所示界面，选择付款模式。

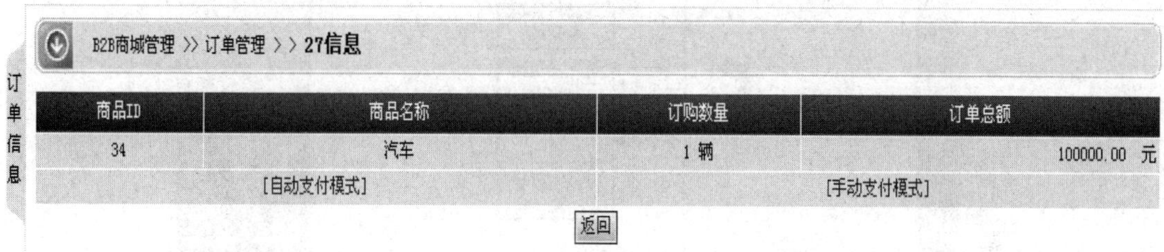
B2B商城管理 >> 订单管理 > > 27信息
订单信息
商品ID
商品名称
订购数量
订单总额
34
汽车
1 辆
100000.00 元
[自动支付模式]
[手动支付模式]
返回

图 6.2.28　付款模式

选择“自动支付模式”选项，系统将直接从虚拟银行里扣除金额；选择“手动支付模式”选项，则需要手动输入支付信息如图 6.2.29 所示。

B2B商城管理 >>银行转账
银行账号 1142474586822
转账金额 100000.0 元
银行用户 g4
银行密码
确认
取消

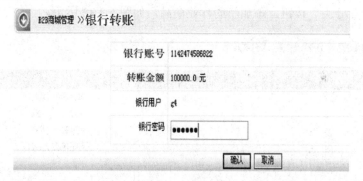

图 6.2.29　手动支付

输入银行密码，单击“确认”按钮，弹出对话框，再单击“确定”按钮，提示转账成功。

单击“成功订单”按钮，可对已被货场处理过的订单进行查看、删除操作，如图 6.2.30 所示。

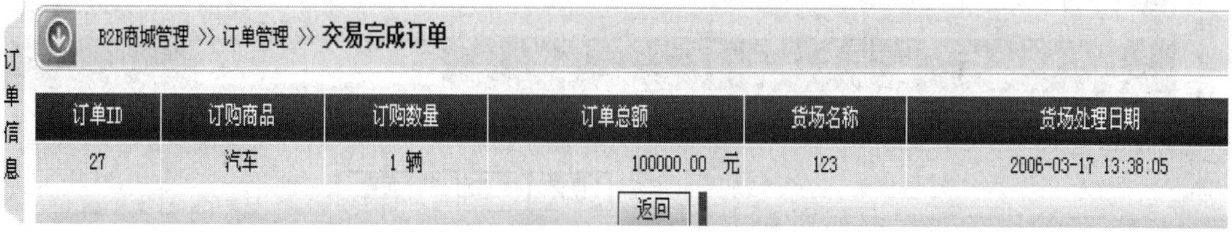
B2B商城管理 >> 订单管理 >> 交易完成订单
订单信息
订单ID
订购商品
订购数量
订单总额
货场名称
货场处理日期
27
汽车
1 辆
100000.00 元
123
2006-03-17 13:38:05
返回

图 6.2.30　成功订单

2. B2B 商城管理员介绍

用学生对应的 B2B 商城管理员角色登录，单击"上课"按钮，进入 B2B 商城管理员界面。B2B 商城管理员的功能如图 6.2.31 所示。

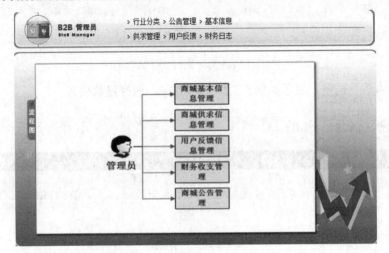

图 6.2.31　B2B 商城管理员功能

1) 行业分类管理

单击"行业分类"按钮，添加新的行业商品，如图 6.2.32 所示。

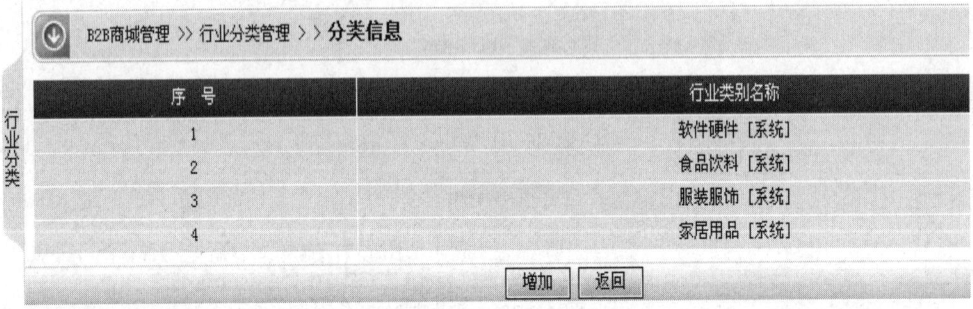

图 6.2.32　行业分类

单击"增加"按钮，输入要增加的行业类别名称，再单击"提交"按钮。此时，新的行业类别名称被添加成功，如图 6.2.33 所示。

图 6.2.33　增加行业类别名称

返回管理界面，序号为 16，名为 IT 的行业类别已经被显示，如图 6.2.34 所示。

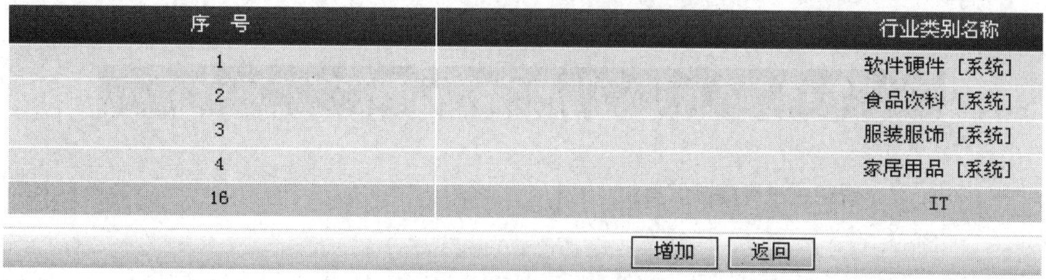

序　号	行业类别名称
1	软件硬件［系统］
2	食品饮料［系统］
3	服装服饰［系统］
4	家居用品［系统］
16	IT

增加　返回

图 6.2.34　行业类别列表

当需要对行业类别进行更新、删除操作时，直接单击行业类别名称进行编辑，如图 6.2.35 所示。

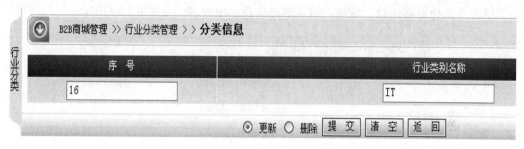

图 6.2.35　编辑行业类别

2) 公告管理

单击"公告管理"按钮，发布商城公告，如图 6.2.36 所示。

图 6.2.36　公告管理

单击"添加"按钮，添加公告详细信息，如图 6.2.37 所示。单击"确定"按钮，新的公告被成功发布。

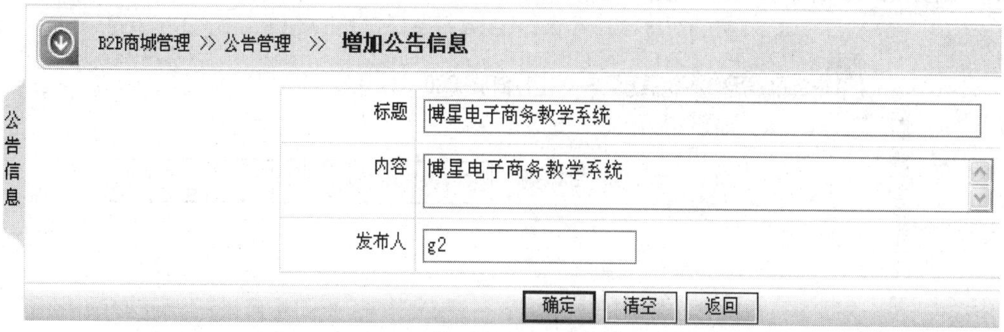

图 6.2.37　添加公告信息

3) 企业基本信息管理

单击"基本信息"按钮，添加新的商城信息，如图6.2.38所示。

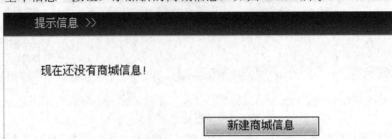

图 6.2.38　商城基本信息

单击"新建商城信息"按钮，输入商城信息详细内容，如图6.2.39所示。

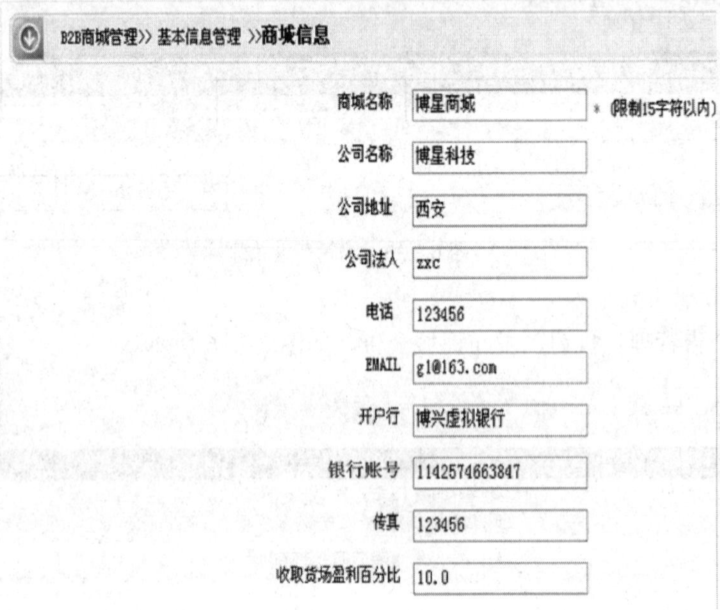

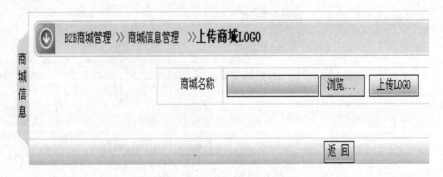

图 6.2.39　新建商城信息

单击"提交"按钮，上传商城LOGO，选择要上传的图片后，单击"上传LOGO"按钮，如图6.2.40所示。此时，图片上传成功。

图 6.2.40　上传商城LOGO

返回后，图片被显示在商城信息中，如图 6.2.41 所示。

图 6.2.41　商城信息

4) 供求信息管理

单击"供求管理"按钮，对商城用户发出的供求信息进行处理，如图 6.2.42 所示。

图 6.2.42　供求管理

单击产品的主题，选择"通过"选项，单击"确定"按钮，如图 6.2.43 所示。

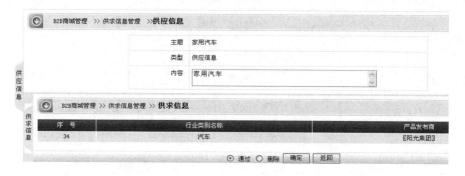

图 6.2.43　处理供求信息

3. 货场流程介绍

1) 用户注册

用学生对应的货场角色登录，单击"上课"按钮，首先进行用户注册，如图 6.2.44 所示。

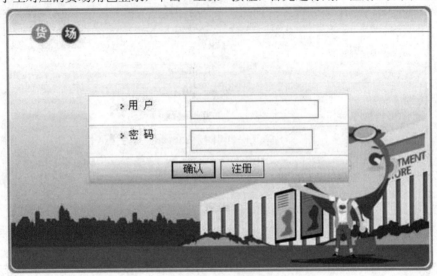

图 6.2.44　用户注册

单击"注册"按钮，填写注册信息，如图 6.2.45 所示。

B2B商城管理　>> 货场基本信息管理　>>用户注册

用户名	g1
真实姓名	gxy
密码	●●●●●●
确认密码	●●●●●●
负责人	gxy
地区	西北
详细地址	西安
电话	123123
传真	123123
盈利百分比	10 ％（建议小于10%）
银行账号	1142474586822

确认　　返回

图 6.2.45　填写注册信息

　　单击"确认"按钮，请保证在注册之前已注册虚拟银行账号，注册虚拟银行账号界面如图 6.2.46 所示。

图 6.2.46　注册虚拟银行账号

　　单击"注册"按钮，填写详细信息，如图 6.2.47 所示。

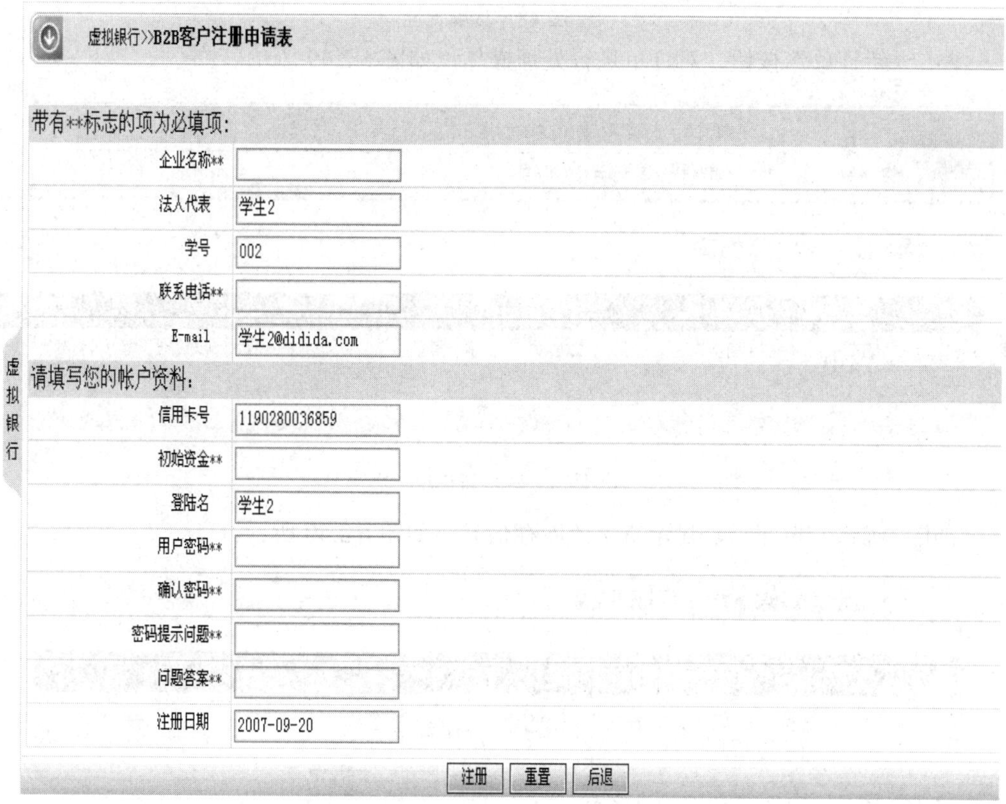

图 6.2.47　填写注册银行详细信息

2) 货场管理

注册成功后，返回到登录界面，进行登录，输入用户名和密码，进入货场管理，如图 6.2.48 所示。

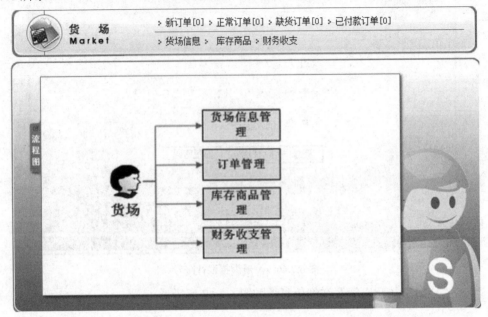

图 6.2.48　货场管理

单击"新订单"按钮，对订单进行处理操作，如图 6.2.49 所示。

图 6.2.49　新订单

单击"确认"按钮后，显示货场的库存信息，如图 6.2.50 所示。

图 6.2.50　货场的库存信息

选中"生成正常订单"选项，单击"确定"按钮，弹出确认对话框，单击"确定"按钮，此订单被受理。

当企业用户购买的商品数量大于货场存货数量时，将生成缺货订单，如图 6.2.51 所示。

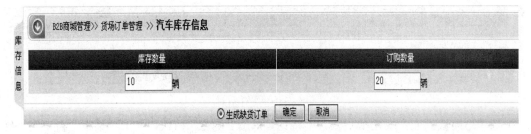

图 6.2.51　生成缺货订单

单击"确定"按钮，缺货订单被受理。

单击"正常订单"按钮，显示正常订单列表，如图 6.2.52 所示。单击"确定"按钮，弹出对话框，再单击"确定"按钮，向订单用户发出通知。

图 6.2.52　正常订单列表

单击"已付款订单"按钮，对企业用户已经付款的订单进行操作，如图 6.2.53 所示。单击"确定"按钮，订单处理完毕。

图 6.2.53　已付款订单

单击"缺货订单"按钮，显示缺货订单列表，如图 6.2.54 所示。

图 6.2.54　缺货订单列表

单击"确认"按钮，显示库存信息，如图 6.2.55 所示。

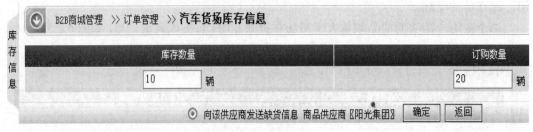

图 6.2.55　库存信息

选中"向该供应商发送缺货信息"按钮，单击"确定"按钮，弹出对话框，再单击"确定"按钮，此缺货订单被受理。

单击"货场信息"按钮，对货场的基本信息进行维护，如图 6.2.56 所示。

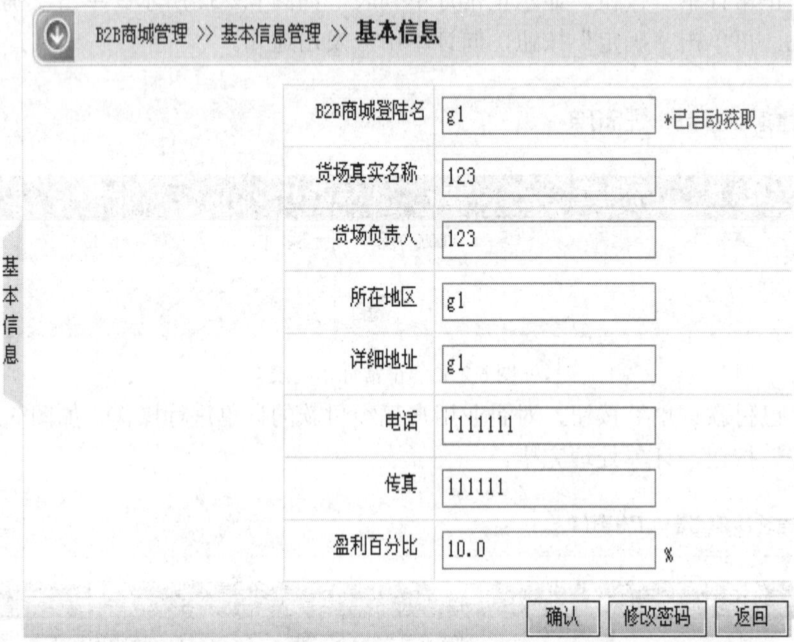

图 6.2.56　货场信息

单击"库存商品"按钮，对库存数量进行查看，如图 6.2.57 所示。

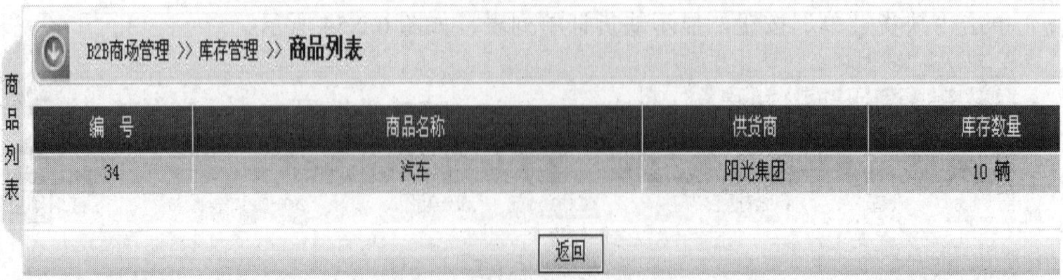

图 6.2.57　库存商品数量

单击"财务收支"按钮，查看财务操作详细日志，如图 6.2.58 所示。

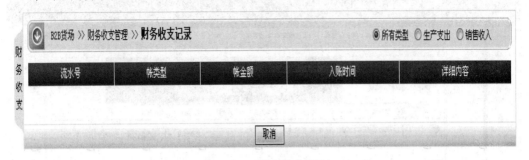

图 6.2.58　财务操作日志

6.3　实验一：B2B 正常购买流程

1．实验概述

电子商务 B2B 交易模式是企业对企业的交易，因为我们平时都是作为个人来体验网上消费的，所以这种交易模式方面的练习有所欠缺，而博星教学实验系统独到的设计，易于操作又涉及 B2B 交易模式的要点，并且全方位地涉及了 B2B 流程的前台购买到后台处理，给大家提供了一个学习 B2B 流程的机会，一个网上无法体验而又趋于真实的流程。本次实验设计了 B2B 交易模式，使大家体会真实的 B2B 交易流程，从而达到学习的目的。

2．实验目标

(1) 了解 B2B 交易模式的意义。
(2) 掌握 B2B 交易流程。
(3) 思考 B2B 交易模式与 B2C 交易模式的区别。

3．实验任务

(1) 登录博星电子商务教学系统，按照分配的小组，参考实验说明书进行实验。
(2) 各小组配合，根据日志提示进行 B2B 正常交易流程操作。
(3) 完成实验流程，填写实验报告，并提交给老师。

4．实验步骤

1) 企业用户销售方
企业用户销售方登录以后，首先添加商品，发布供应消息。具体操作如下：
企业用户登录以后，进入图 6.3.1 所示界面。

图 6.3.1　企业用户界面

企业用户登录以后，同 B2C 商城用户操作一样，首先要注册银行以及商场用户，然后再登录，注册完成登录以后，可以进入后台，界面如图 6.3.2 所示。

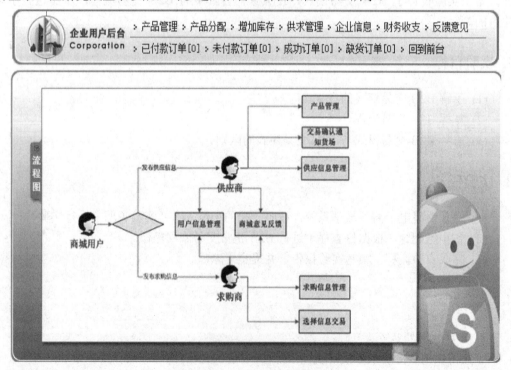

图 6.3.2　企业用户后台界面

单击"产品管理"按钮，查看所有的产品。如果没有产品，系统会提示添加产品。按照提示完成产品添加并修改商品库存不为 0。

单击"产品分配"按钮，将会把添加好的产品分配给同组已经注册好的货场，如图 6.3.3 所示。

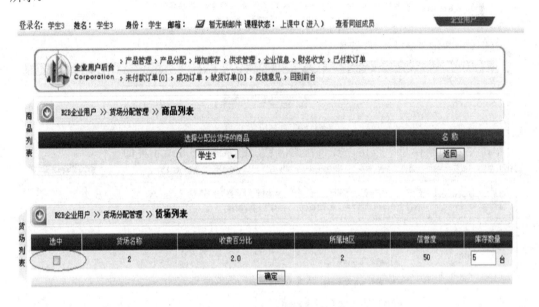

图 6.3.3　产品分配

先在商品列表处选择要分配的商品，选择好后，货场列表会列出该小组的所有货场。选择想要分配的货场，确定以后，可以分配产品到货场里，以供货场销售。形象一点来说，这个过程就是现实生活中，将生产的商品放到商场里供消费者购买的过程。

当然，我们可以随时调整供往货场里货物的数量。单击"增加库存"按钮，如图 6.3.4 所示。

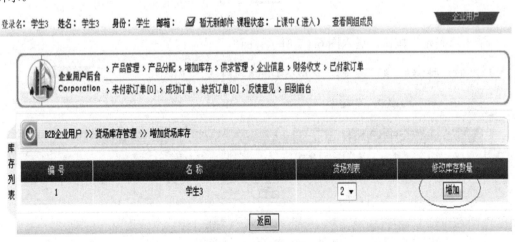

图 6.3.4　增加库存

单击每件商品后面的"增加"按钮，增加分配到货场的商品。

　　把货物分配好以后，单击"供求管理"按钮，发布供应信息。只有发布了供应信息，购买者才能在商城进行购买。单击"供求管理"按钮，进入图 6.3.5 所示界面。

图 6.3.5　供求管理

　　单击"发布新信息"按钮，发布新的信息，进入图 6.3.6 所示界面。

图 6.3.6　发布新信息

　　单击"确定"按钮，进入图 6.3.7 所示界面。

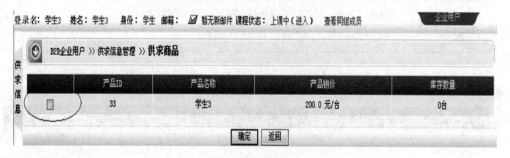

图 6.3.7　供求商品

　　注意，选择一个产品后，才能正确地将信息发布出去。

　　信息成功发布以后，需要同小组的商城管理员审核此信息，只有通过审核的信息，才能在商城首页显示。

2) 商城管理员

商城管理员登录以后，单击"供求管理"按钮，审核企业用户提交的信息。供求管理界面如图 6.3.8 所示。

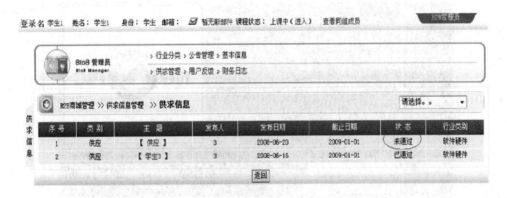

图 6.3.8　供求管理界面

单击供求信息的主题对该信息进行审核。

这些准备工作做完以后，企业用户通过买家身份登录就可以购买商品了。

3) 企业用户购买方

企业用户购买方登录以后，依然先要注册银行，注册企业用户。注册完并且登录以后，可以看到首页的供应信息处会显示被管理员通过的信息，如图 6.3.9 所示。

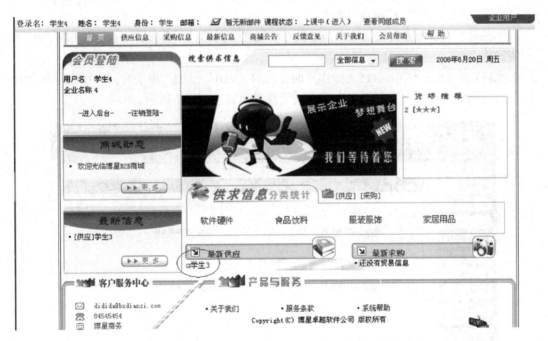

图 6.3.9　首页供应信息

单击此供应信息可以购买商品，如图 6.3.10 所示。

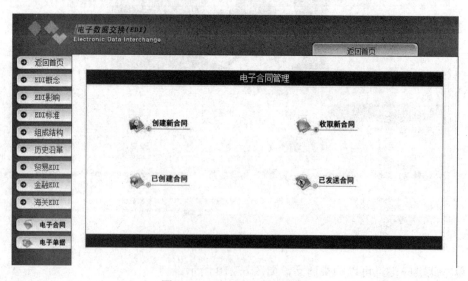

图 6.3.10　购买商品

单击"确认订购"按钮进行购买。

购买以后，系统会自动给该商品的发布者发送一封邮件，提醒发布者进入 EDI 进行下一步操作。

此时，企业用户单击自己主操作界面左边的"EDI"里的"电子合同"按钮，开具合同并且发送给企业用户购买者。电子合同管理界面如图 6.3.11 所示。

图 6.3.11　电子合同管理界面

单击"创建新合同"按钮，如图 6.3.12 所示。创建一个新的合同以后，系统会提示是否发送，选择直接发送。

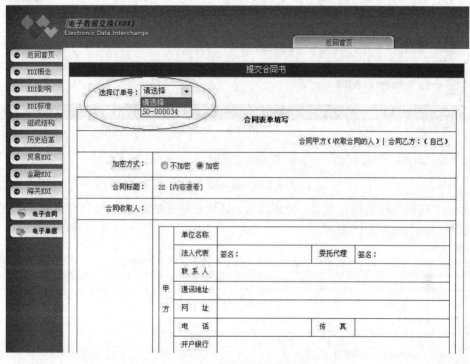

图 6.3.12　创建新合同

系统会自动查找订单号，选择相应的订单号，填写相应的信息以后发送。成功发送以后，系统会给企业用户购买方发送一封邮件，提示购买用户进入 EDI 收取合同。

企业用户购买方单击自己操作主界面的"EDI"按钮进入 EDI 中心，再单击"电子合同"按钮进入图 6.3.13 所示界面。

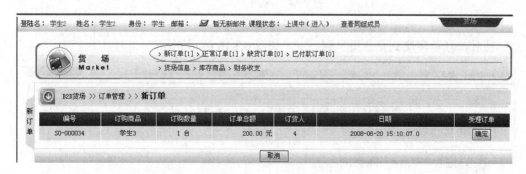

图 6.3.13　企业用户购买方电子合同界面

单击"收取新合同"按钮，收取刚才企业用户销售方发送的合同。成功收取并回复以后，合同会转到该货物存放的货场进行处理。

4) 货场

货场用户登录以后，首先注册银行，注册货场并进行登录，登录以后就可以看到转交过来的订单。货场用户界面如图 6.3.14 所示。

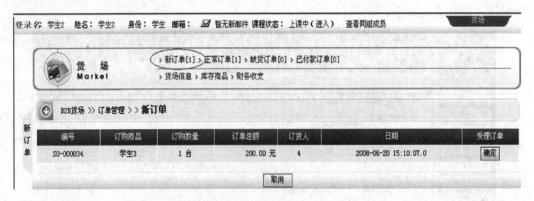

图 6.3.14　货场用户界面

单击"确定"按钮进行受理。受理以后,转到正常订单,单击"正常订单"按钮查看。正常订单界面如图 6.3.15 所示。

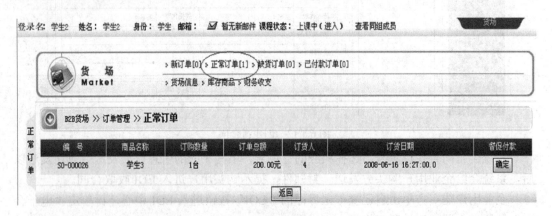

图 6.3.15　正常订单界面

单击"确定"按钮督促企业用户购买方付款。

此时,订单转交到企业用户购买方,如图 6.3.16 所示。

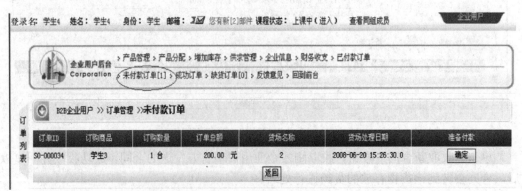

图 6.3.16　未付款订单

用户单击"确定"按钮进行付款。企业用户购买方付款以后,企业用户销售方进入 EDI

的电子单据管理界面，如图 6.3.17 所示。

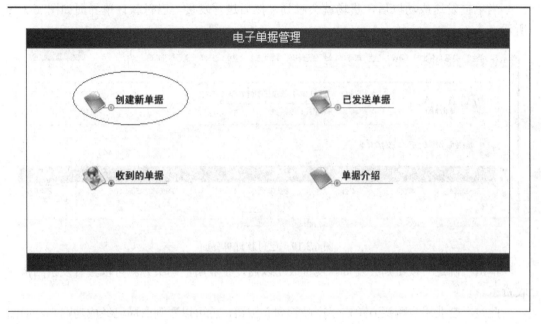

图 6.3.17　企业用户销售方电子单据管理界面

单击"创建新单据"按钮，进入图 6.3.18 所示界面。

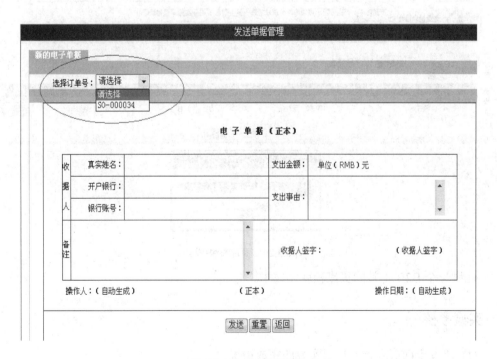

图 6.3.18　创建新单据

系统会自动选出订单号，选择相应的订单号并填写单据以后，单击"发送"按钮，单据发送成功。

当单据发送成功以后，货场就会收到，然后进行发货，已付款订单界面如图 6.3.19 所示。

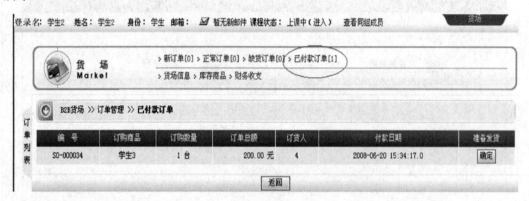

图 6.3.19　已付款订单界面

单击"确定"按钮则会发货。发货成功以后，企业用户购买方就可以查看发票回执并收货了。

此时，企业用户购买方单击"产品管理"按钮，就可以看到商品已经成功购买，如图 6.3.20 所示。

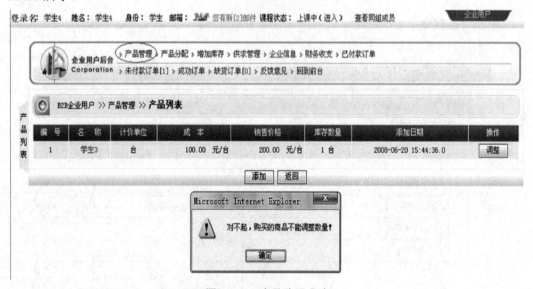

图 6.3.20　商品购买成功

此时一个 B2B 正常购买流程就完成了。

5. 实验考核

(1) 通过查询日志查看自己实验的完成情况。

(2) 完成实验以后，填写主界面的实验报告并提交给老师，以备老师批阅。

(3) 系统会根据所完成的操作自动进行打分，老师也可以对系统打分结果进行修改。

6. 实验总结

B2B 是企业对企业的交易。真实生活中我们是以个人消费者的身份进行交易的，所以很难体会到 B2B 的流程。本次实验对大家来说只是起到一个引导的作用，因为真正的 B2B 交易流程会在安全程度、付款模式上具有更大的复杂性。大家在课后可以从网上查询资料，以便更加深刻地理解 B2B 交易模式。

6.4　实验二：B2B 缺货购买流程

1. 实验概述

B2B 缺货购买流程是 B2B 正常购买流程的一个延伸，是对 B2B 购买流程功能和含义上的加深。缺货在现实中很常见，本次实验能够让大家了解缺货以后，商家如何处理，订单如何流转，以便更好地将所学知识应用到真实环境中。在本次实验中，将以一个小组的配合为主要实验方式，最终去体会商城缺货以后，各部门之间是如何配合，一个缺货购买流程是如何完成的。

2. 实验目标

(1) 了解 B2B 缺货购买流程的意义。
(2) 掌握 B2B 缺货购买流程。
(3) 思考 B2B 缺货购买流程与 B2B 正常购买流程的区别与联系。

3. 实验任务

(1) 登录博星电子商务教学系统，按照分配的小组，参考实验说明书进行实验。
(2) 各小组配合，根据日志提示以及实验指导书进行 B2C 缺货交易流程操作。
(3) 完成实验流程，填写实验报告，并提交给老师。

4. 实验步骤

B2B 缺货购买流程开始之前，同样需要一些与 B2B 正常购买流程类似的准备工作。
1) 企业用户销售方
企业用户销售方登录以后，首先添加商品，发布供应消息。具体操作如下：
企业用户登录以后，进入图 6.4.1 所示界面。

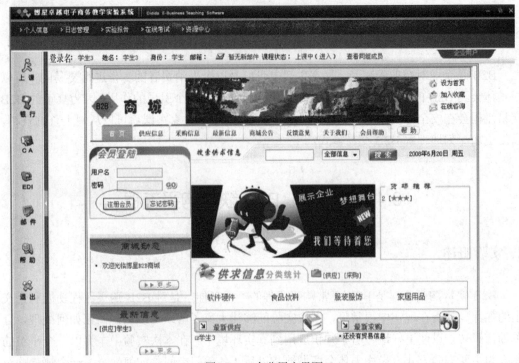

图 6.4.1　企业用户界面

企业用户登录以后，同 B2C 商城用户操作一样，首先要注册银行，注册商场用户，然后再登录，注册完成登录以后，可以进入后台，界面如图 6.4.2 所示。

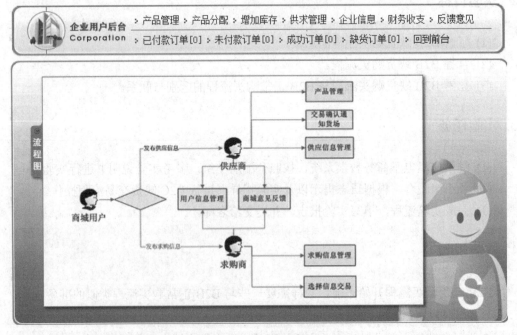

图 6.4.2　企业用户后台

单击"产品管理"按钮，查看所有的产品，如果没有产品，系统会提示添加产品。按照提示完成产品添加并修改商品库存不为 0。

单击"产品分配"按钮，将会把添加好的产品分配给同组已经注册好的货场，如图 6.4.3 所示。

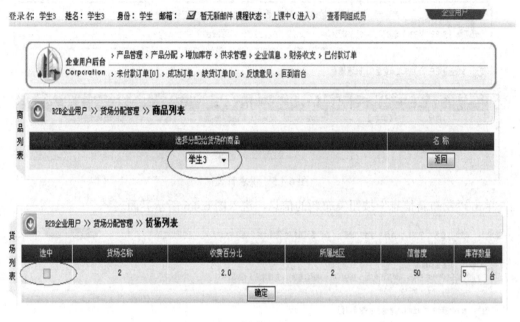

图 6.4.3　产品分配

先在商品列表处选择要分配的商品，选择好以后，货场列表会列出该小组的所有货场，选择想要分配的货场，确定以后，可以分配产品到货场里去，以供货场销售。形象一点来说，这个过程就是现实生活中，将生产的商品放到商场里去，供消费者购买的过程。

当然我们可以随时调整供往货场里货物的数量。单击"增加库存"按钮，如图 6.4.4 所示。

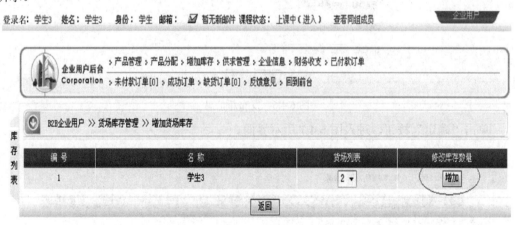

图 6.4.4　增加库存

单击每件商品后面的"增加"按钮来增加分配到货场的商品。

把货物分配好以后，单击"供求管理"按钮发布供应信息，只有发布了供应信息，购买者才能在商城进行购买。单击"供求管理"按钮进入图 6.4.5 所示界面。

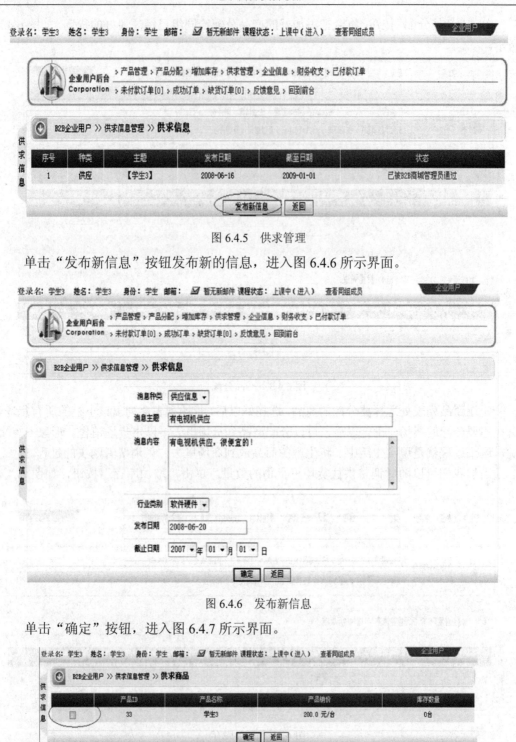

图 6.4.5　供求管理

单击"发布新信息"按钮发布新的信息，进入图 6.4.6 所示界面。

图 6.4.6　发布新信息

单击"确定"按钮，进入图 6.4.7 所示界面。

图 6.4.7　信息发布

注意：选择一个产品，这样才能正确地将信息发布出去。

信息成功发布以后，需要同小组的商城管理员审核此信息，只有通过审核的信息，才能在商城首页显示。

2) 商城管理员

商城管理员登录以后，单击"供求管理"按钮审核企业用户提交的信息，如图 6.4.8
所示。

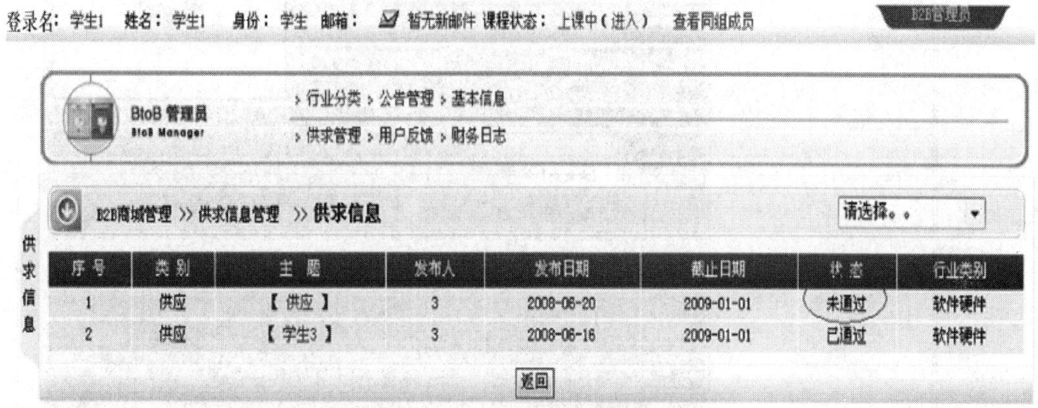

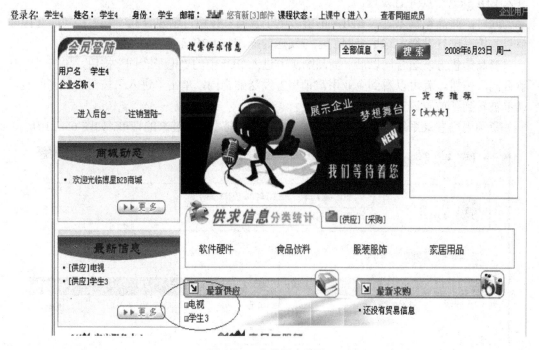

图 6.4.8　供求管理

单击供求信息的主题对该信息进行审核。

这些准备工作做完以后，企业用户通过买家身份登录就可以购买商品了。

3) 企业用户购买方

企业用户登录系统并且登录商城以后，单击"最新供应"按钮进行购买，进入图 6.4.9
所示界面。

图 6.4.9　企业用户登录

选择不同的信息进行购买，单击"电视"按钮，进入图 6.4.10 所示界面。

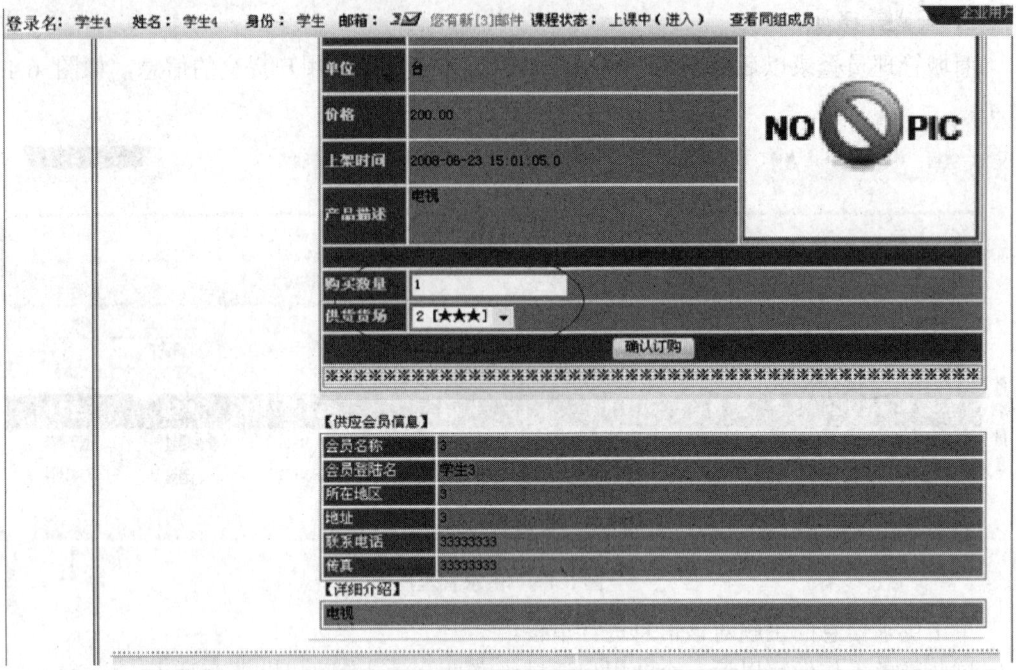

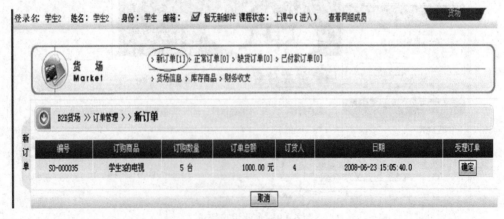

图 6.4.10　商品购买

缺货流程就是从这里开始的，如果企业用户销售方的库存数量小于这里的购买数量，将产生缺货订单。购买 5 件，系统提示购买成功，并且给商品销售方发了一封邮件，提示进入 EDI 开具合同并且发送。

此时，商品销售方进入 EDI，单击"电子合同"按钮，创建合同，发送合同，选择订单号并填写进行发送，这里合同创建与发送的操作与 B2B 正常购买流程是类似的。

商品销售方发送合同以后，商品购买方进入 EDI 中的"电子合同"按钮，单击"收取新合同"按钮，就可以看到企业用户销售方发送的合同，单击"进入"按钮，解密回复，订单被转到了放置该货物的货场。

货场用户登录系统并且登录货场以后，会出现刚才流转过来的订单，如图 6.4.11 所示。

图 6.4.11　新订单

单击"确定"按钮转到处理界面，如图 6.4.12 所示。

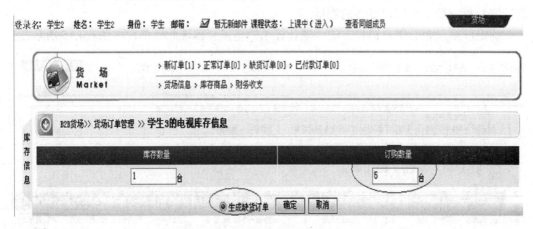

图 6.4.12　处理订单

如图 6.4.12 所示，购买的是 5 台，而销售方的库存只有 1 台，系统会自动判断库存的数量能否满足购买，不满足便会生成缺货订单。单击"确定"按钮生成缺货订单，然后再到"缺货订单"处进行处理，如图 6.4.13 所示。

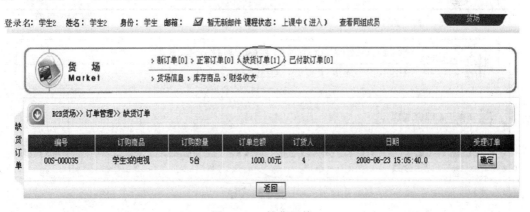

图 6.4.13　缺货订单

单击"确定"按钮进行受理，进入图 6.4.14 所示界面。

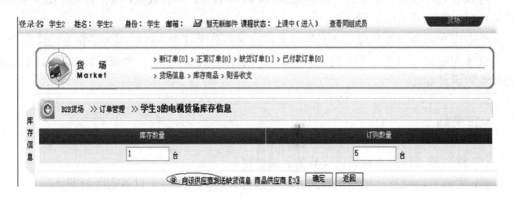

图 6.4.14　受理缺货订单

　　单击"确定"按钮将向商品供应商(企业用户销售方)发送缺货信息，以便企业用户向货场增加货物数量至用户要买的数量。

　　确定以后，企业用户销售方的"缺货订单"里就会出现此订单，如图 6.4.15 所示。

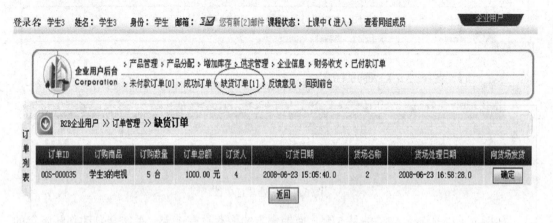

图 6.4.15　企业用户销售方缺货订单

　　单击"确定"按钮处理此订单，进入图 6.4.16 所示界面。

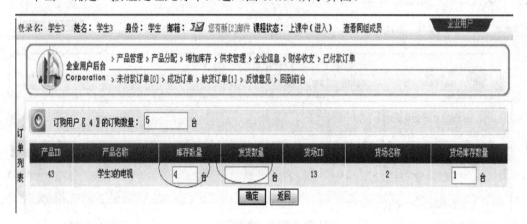

图 6.4.16　处理缺货订单

　　可以看到，这里显示了客户订购的数量、库存数量、货场数量，根据这几个数量提示，可以填写向货场发货的数量。

　　企业用户向货场发货以后，货场里会再次显示这个订单，此时因为销售方已经发货，订单就成为正常订单了，下面的处理与 B2B 正常购买流程相同。大家可以参照 B2B 正常购买流程进行操作。

5. 实验考核

　　(1) 通过查询日志查看自己实验的完成情况。

　　(2) 完成实验以后，填写主界面的实验报告并提交给老师，以备老师批阅。

　　(3) 系统会根据所完成的操作自动进行打分，老师也可以对系统打分结果进行修改。

6. 实验总结

　　B2B 缺货购买流程，是基于 B2B 正常购买流程发展的。真实生活中，这种情况也很多，处理的方法也很多，我们设计的流程是一种能够解决缺货以后还能出售商品的方案。大家可以自己体会实验中每个部门是如何操作，订单是如何流转的，以达到将理论知识应用于实践的目的，也就达到了我们此次实验的目的。

第 7 章　C2C 电子商务模拟

7.1　C2C 电子商务系统综述

　　C2C 电子商务系统主要模拟电子商务 C2C 交易过程，在网城中可以进行"拍卖"或"竞标"商品，会员之间相互交易，能将 C2C 交易环境中相关要素灵活体现，使大家直观体验电子商务环境里角色的变化，了解商城会员、商城管理员在电子商务交易中的职能，有效提升了电子商务实验的真实性，对电子商务教学起到了良好的指导、参考作用。

　　C2C 电子商务系统软件为 B/S 结构，客户端通过 IE 浏览器操作，流程明确、界面人性化，系统环境配置成功后，要通过几个角色共同工作才能完成一个交易流程。

7.2　C2C 电子商务实验系统使用介绍

　　学生 1(商城会员角色)功能：商品目录、卖东西、我的档案、店铺中心、新闻中心。

　　学生 2(C2C 平台交易管理员角色)功能：行业分类管理、公告管理、商城基本信息管理、用户信息反馈管理。

1. 商城会员流程介绍

　　商城会员角色的学生登录进入，单击"上课中，请单击进入"按钮，如图 7.2.1 所示。

图 7.2.1　商城会员界面

商城会员角色的学生可以在商城中买商品、拍卖商品。

1) 商城会员注册及登录

在图 7.2.1 所示界面中的左上方单击"注册会员"按钮，如图 7.2.2 所示。

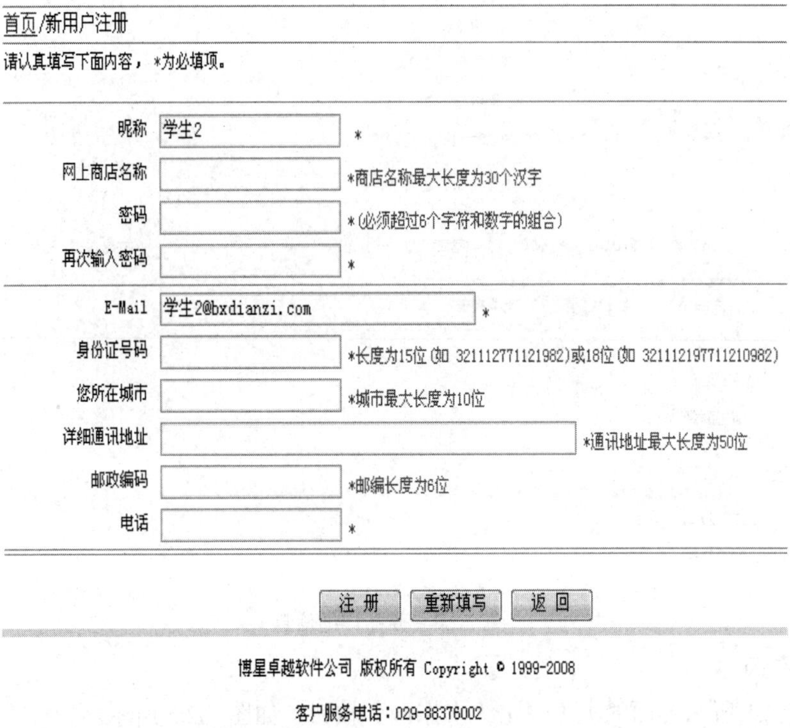

图 7.2.2　注册会员

填写用户的详细信息，单击"注册"按钮，弹出"注册成功"提示框，返回到首页，输入注册的用户名、密码进行登录。

2) 浏览目录

在图 7.2.1 所示界面中的上方单击"浏览目录"按钮，如图 7.2.3 所示，可以逛逛出售者的商城，查看一些商品的详细信息和出价记录，同时可以进行竞拍和向出售者提问。

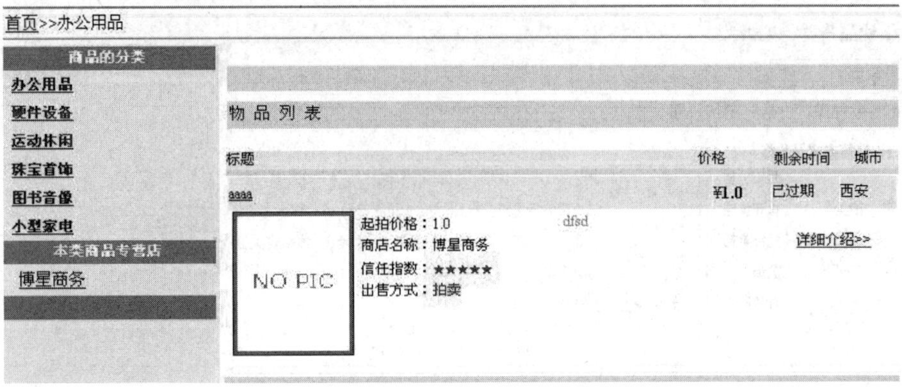

图 7.2.3　浏览目录

在图 7.2.3 所示界面中显示出物品的列表，可以根据左方的商品分类来查看物品列表。单击图中商品的名称，如图 7.2.4 所示。

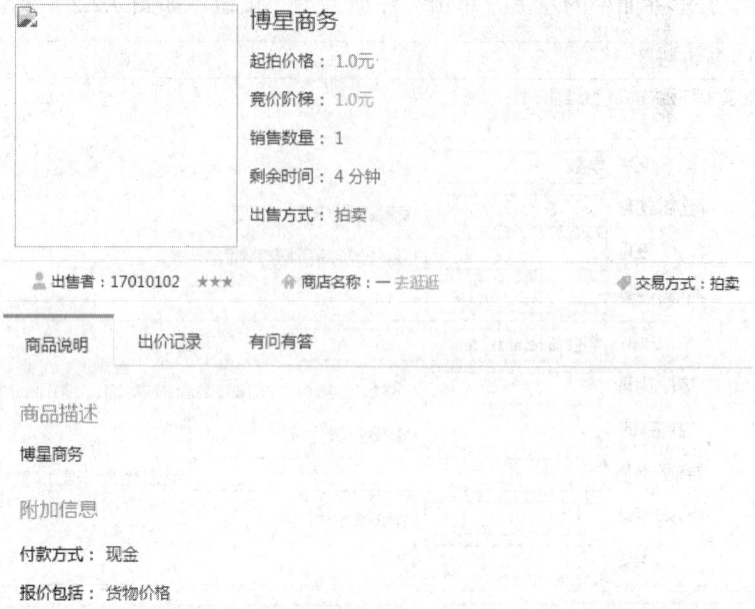

博星商务

起拍价格：1.0元

竞价阶梯：1.0元

销售数量：1

剩余时间：4 分钟

出售方式：拍卖

👤 出售者：17010102 ★★★   🏠 商店名称：一 去逛逛   ◆ 交易方式：拍卖

商品说明   出价记录   有问有答

商品描述

博星商务

附加信息

付款方式：现金

报价包括：货物价格

图 7.2.4   商品详细信息

3) 卖东西

在图 7.2.1 所示界面的上方单击"卖东西"按钮，如图 7.2.5 所示。

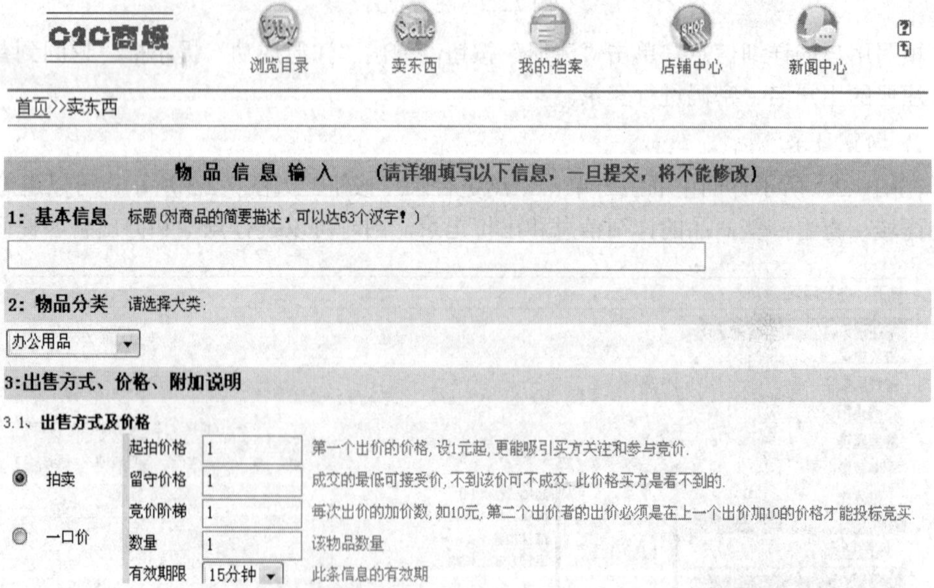

C2C商城   浏览目录   卖东西   我的档案   店铺中心   新闻中心

首页>>卖东西

物 品 信 息 输 入   (请详细填写以下信息，一旦提交，将不能修改)

1：基本信息   标题 (对商品的简要描述，可以达63个汉字！)

2：物品分类   请选择大类：

办公用品

3：出售方式、价格、附加说明

3.1、**出售方式及价格**

拍卖	起拍价格	1	第一个出价的价格，设1元起，更能吸引买方关注和参与竞价.
	留守价格	1	成交的最低可接受价，不到该价可不成交. 此价格买方是看不到的.
	竞价阶梯	1	每次出价的加价数，如10元，第二个出价者的出价必须是在上一个出价加10的价格才能投标竞买.
一口价	数量	1	该物品数量.
	有效期限	15分钟	此条信息的有效期.

图 7.2.5   卖东西

输入对商品的基本描述，选择商品的分类、出售方式、价格、附加说明。单击"提交"

按钮，弹出"插入图片和继续添加、返回首页"的提示框。

4）我的档案内容

在图 7.2.1 所示界面的上方单击"我的档案"按钮，如图 7.2.6 所示，该界面描述了交易信息、注册信息、店铺管理、信用和评价。

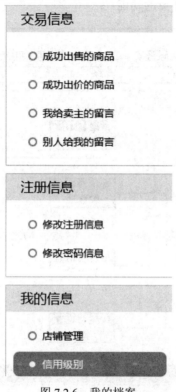

图 7.2.6　我的档案

5）店铺中心管理

在操作界面上方单击"店铺中心"按钮，如图 7.2.7 所示，可以查看所有商店以及各个商店中的物品列表。

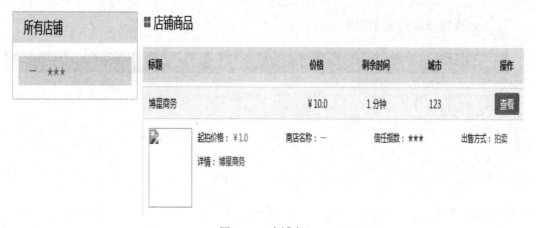

图 7.2.7　店铺中心

2. C2C 平台交易管理员介绍

C2C 平台交易管理员角色的学生登录进入，单击"上课中，请单击进入"按钮，如图 7.2.8 所示，该界面描述了管理员的功能。

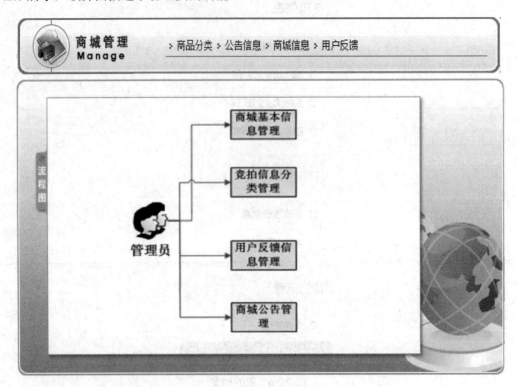

图 7.2.8　C2C 平台交易管理员功能

1) 行业分类管理

在图 7.2.8 所示界面中单击"商品分类"按钮，如图 7.2.9 所示。

商品序号	商品分类
1	办公用品
2	硬件设备
3	运动休闲
4	珠宝首饰
5	图书音像
6	小型家电

增加　返回

图 7.2.9　商品分类

在此可以增加行业分类和更新行业名称，单击下方的"增加"按钮，如图 7.2.10 所示。输入行业分类的名称，单击"提交"按钮。

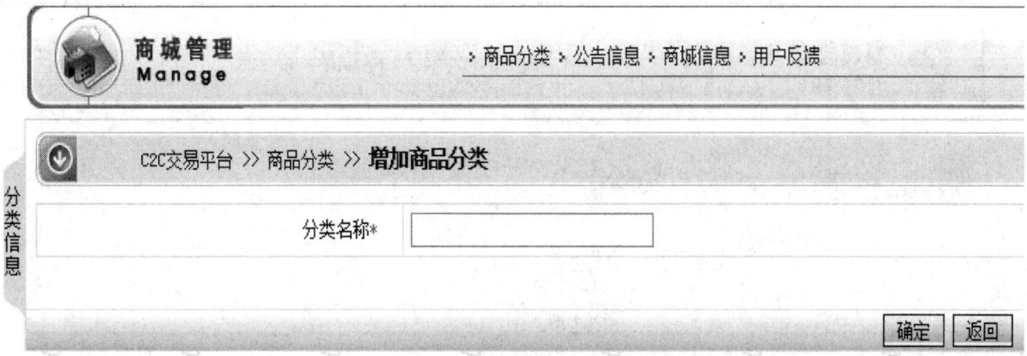

图 7.2.10　增加分类名称

在图 7.2.9 所示界面中单击行业分类的名称，如图 7.2.11 所示，输入更新的分类名称，选择"更新"选项，再单击"提交"按钮。

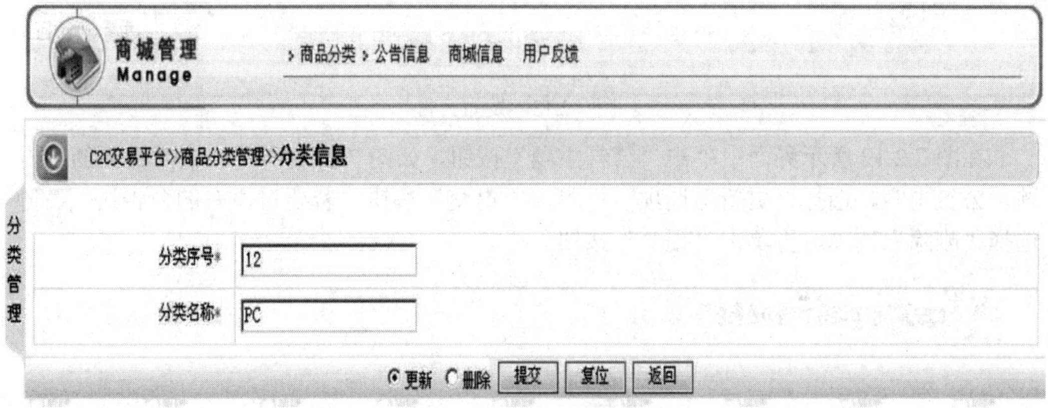

图 7.2.11　更新分类名称

2) 公告管理流程

在操作界面单击"商城公告管理"按钮，如图 7.2.12 所示，可以发布新的商城公告、更新商城公告。

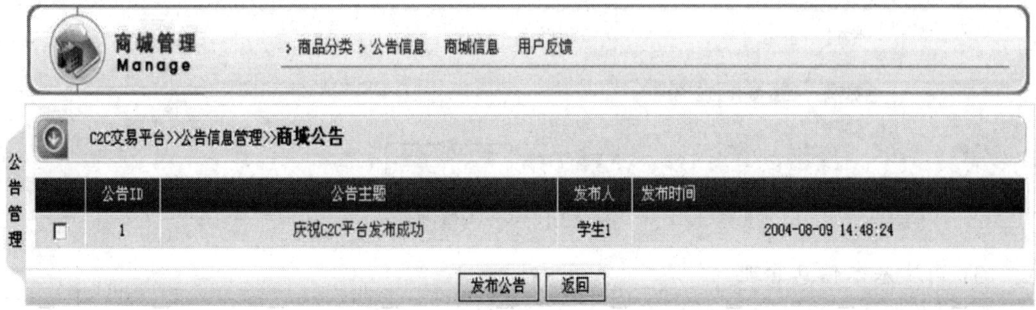

图 7.2.12　公告管理

单击图中的"发布公告"按钮，如图 7.2.13 所示。输入公告标题、公告内容，单击"发布"按钮，弹出一个"发布成功"的提示框。

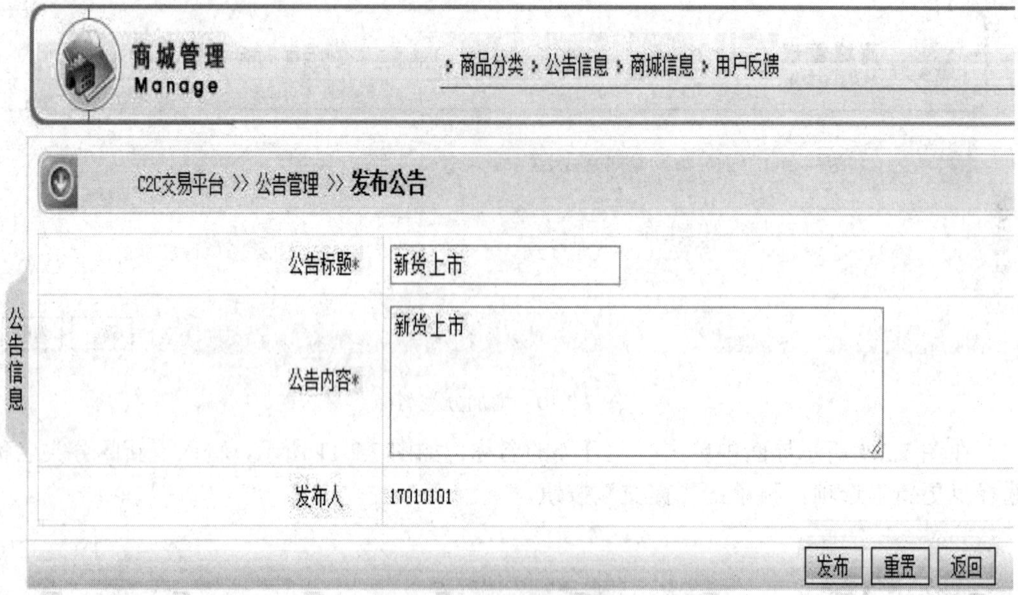

图 7.2.13　发布公告

在图 7.2.12 所示界面中单击"公告主题"按钮，如图 7.2.14 所示。输入更新的公告标题、公告内容，选择"更新"选项，再单击"提交"按钮，若要对原有的公告进行删除，选择"删除"选项，再单击"提交"按钮。

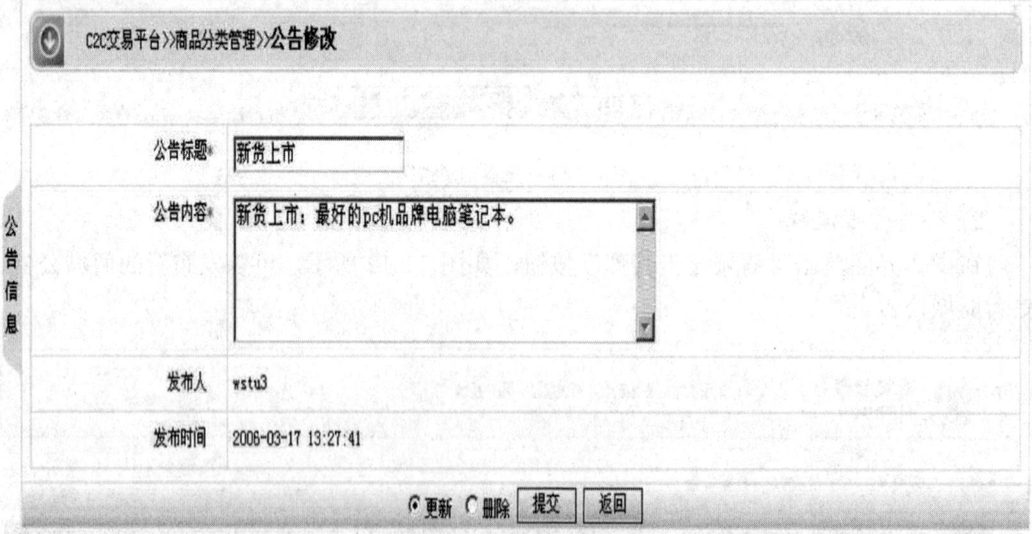

图 7.2.14　公告修改

3) 商城基本信息管理

在操作界面中单击"商城信息"按钮，如图 7.2.15 所示。

图 7.2.15　商城信息

单击"添加新商城信息"按钮，如图 7.2.16 所示。输入商城的详细信息，单击"提交"按钮，弹出"上传商城 LOGO"的提示框。在下一次进入商城基本信息管理时，能更改商城信息。

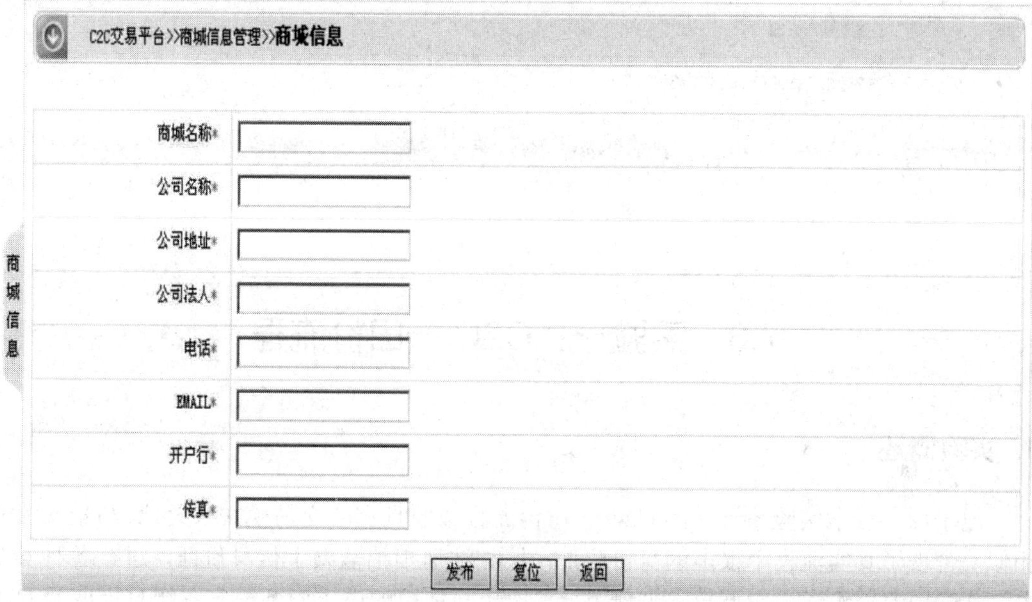

图 7.2.16　添加新商城信息

4) 用户信息反馈管理

在操作界面中单击"用户反馈"按钮，如图 7.2.17 所示，可以查看所有用户的反馈意见。

图 7.2.17　用户反馈

单击"查看"按钮，如图 7.2.18 所示。管理员可以通过用户的意见，也可以删除用户的意见。点选"通过"或者"删除"按钮，再单击"确定"按钮，并确定是否让前台所有用户都看见反馈的意见。

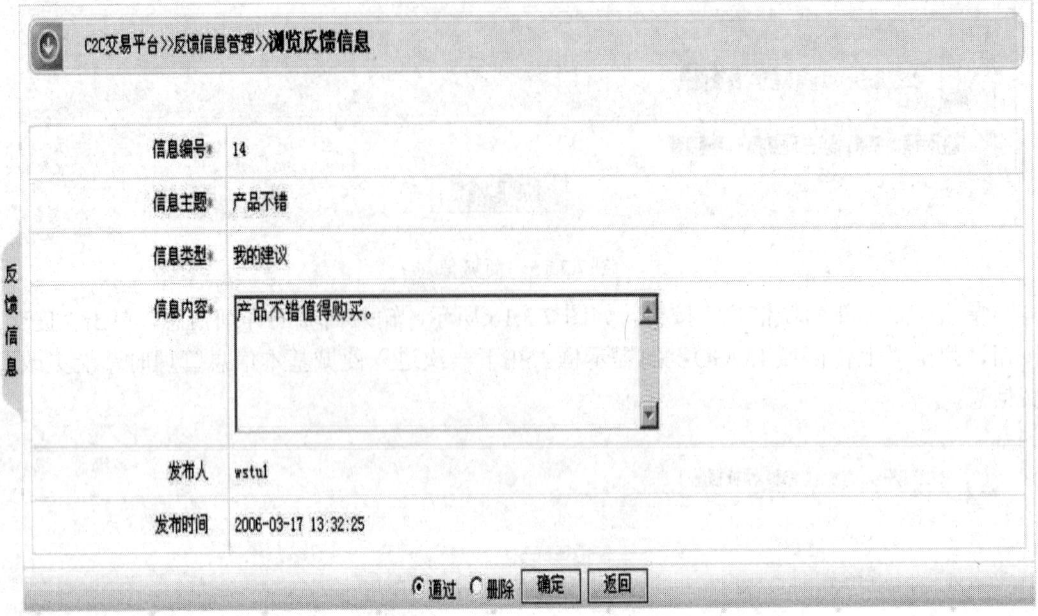

图 7.2.18 查看用户反馈

7.3 实验一：C2C 一口价流程

1. 实验概述

电子商务教学实验系统中的 C2C 一口价流程依照真实的交易模式来设计，与拍卖流程相似，舍去了真实流程中很多的身份验证，比如注册拍拍需要上传身份证，进行各种安全验证，这种流程不适合作为教学来使用，本次实验使用的电子商务教学系统只提取了 C2C 一口价的核心操作流程，能够在进行很少操作的情况下，理解 C2C 一口价的流程，从而为真实环境中的学习打下基础。

2. 实验目标

(1) 了解 C2C 一口价流程的含义。
(2) 熟悉 C2C 一口价流程。

3. 实验任务

(1) 登录博星电子商务教学系统，按照分配的小组，参考实验说明书进行实验。
(2) 各小组配合，根据日志提示进行 C2C 一口价流程操作。
(3) 完成实验流程，填写实验报告，并提交给老师。

4．实验步骤

1) 出售方

老师部署好一节课程，学生登录系统操作界面后，单击"上课中(进入)"按钮，进入 C2C 商城，单击主页面的"注册"按钮进行注册，然后登录，进入图 7.3.1 所示界面。

图 7.3.1　C2C 商城

单击"进入我的后台"按钮，单击界面上方的"卖东西"按钮添加要拍卖的商品，如图 7.3.2 所示。填写商品的名称，选择出售方式为一口价，填写价格等信息，单击"确定"按钮，添加一口价商品成功，并且可以继续上传商品。

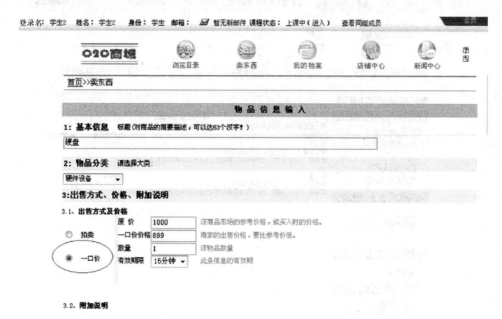

图 7.3.2　添加拍卖的商品

2) 购买方

商品添加成功后会显示在前台页面，购买方登录系统主界面以后，同样需要注册 C2C 会员，然后登录，登录以后就可以看到有人发布的商品信息。单击商品名称进行一口价购买，如图 7.3.3 所示。

在一口价页面中，显示了商品的一口价价格以及剩余时间，在输入框中输入数量，单击"一口价"按钮，一口价购买信息发送成功。

在这个页面上可以看到该商品销售剩余的时间，时间到了以后，就不能再进行购买了。

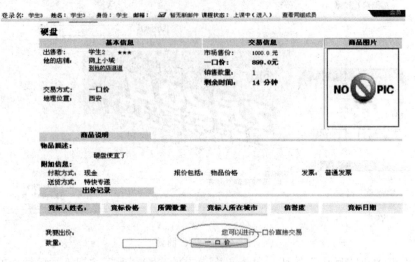

图 7.3.3　一口价页面

单击"我的档案"按钮可以查看一口价购买结果，如图 7.3.4 所示。

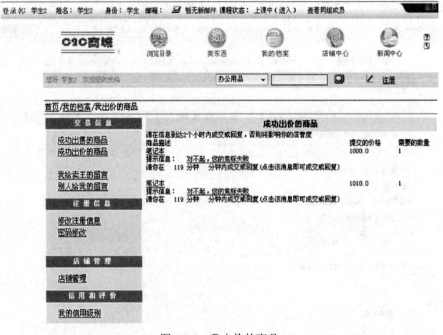

图 7.3.4　我出价的商品

5. 实验考核

(1) 通过查询日志查看自己实验的完成情况。

(2) 完成实验以后，填写主界面的实验报告并提交给老师，以备老师批阅。

(3) 系统会根据所完成的操作自动进行打分，老师也可以对系统打分结果进行修改。

6. 实验总结

电子商务教学实验系统中的 C2C 一口价流程，是网上除了拍卖流程以外，另一种使用较多的个人交易模式。一口价流程与拍卖流程有相同的地方，就是参与交易的双方都是个人，当然也有区别，拍卖流程的价格是不确定的，只存在一个底价，至于最终成交价格是什么样子，那要根据拍卖的效果来看，而效果又取决于商品的质量。一口价，卖家会出一个价格，没有讨价还价的余地。这两种交易方式各有利弊，希望大家课后仔细体会。

7.4　实验二：C2C 拍卖流程

1. 实验概述

电子商务教学实验系统中的 C2C 拍卖交易流程，模拟了现实中 C2C 网站上拍卖的方式，但是由于网站上考虑到安全问题，将信用和保密、认证等流程设计得比较复杂，如果按照那种方式来进行练习，会占用大量时间且会将时间浪费在繁琐的申请过程当中，不能体会 C2C 拍卖的特点，故本系统提取了 C2C 拍卖交易的重点交易过程，进行最简洁的操作练习，便可领悟 C2C 拍卖的精髓。

2. 实验目标

(1) 了解 C2C 拍卖流程的含义。

(2) 熟悉 C2C 拍卖流程。

3. 实验任务

(1) 登录博星电子商务教学系统，按照分配的小组，参考实验说明书进行实验。

(2) 各小组配合，根据日志提示进行 C2C 拍卖流程操作。

(3) 完成实验流程，填写实验报告，并提交给老师。

4．实验步骤

1）拍卖方

老师部署好一节课程，学生登录系统操作界面后，单击"上课中(进入)"按钮进入 C2C 商城，单击主页面的"注册"按钮进行注册，然后登录，进入图 7.4.1 所示界面。

图 7.4.1　C2C 商城

单击"进入我的后台"按钮进入后台界面，单击界面上方的"卖东西"按钮添加要拍卖的商品，如图 7.4.2 所示。

填写商品的名称，选择出售方式为拍卖，填写价格等信息，单击本页面底下的"确定"按钮，添加拍卖商品成功，并且可以继续上传商品。

2）竞拍方

商品添加成功后会显示在前台页面，竞拍方登录系统主界面以后，同样需要注册 C2C 会员，然后登录，登录以后就可以看到有人发布的商品信息。单击商品名称进行竞拍，如图 7.4.3 所示。

登录名：学生3　姓名：学生3　身份：学生　邮箱：☑ 暂无新邮件　课程状态：上课中（进入）　查看同组成员　　会员

首页>>卖东西

物 品 信 息 输 入

1：基本信息　标题(对商品的简要描述，可以达63个汉字！)

2：物品分类　请选择大类：

办公用品

3：出售方式、价格、附加说明

3.1、出售方式及价格

○ 拍卖　　起拍价格　1　　第一个出价的价格，设1元起，更能吸引买方关注和参与竞价。
　　　　　留守价格　2　　成交的最低可接受价，不到该价可不成交。此价格买方是看不到的。
　　　　　竞价价梯　1　　每次出价的加价数，如10元，第二个出价者的出价必须是在上一个出价加10的价格才能投标竞买。
○ 一口价　数量　1　　该物品数量
　　　　　有效期限　15分钟 ▾　此条信息的有效期

图 7.4.2　添加拍卖的商品

登录名：学生2　姓名：学生2　身份：学生　邮箱：☑ 暂无新邮件　课程状态：上课中（进入）　查看同组成员　　会员

笔记本

基本信息	交易信息	商品图片
出售者：　学生3　★★★	起拍价格：　1000.0 元	NO PIC
他的店铺：　学生3的商店　到他的店逛逛	竞价价梯：　10.0 元	
	销售数量：　1	
交易方式：　拍卖	剩余时间：　1 分钟	
地理位置：　西安		

商品说明

物品描述：　　笔记本很便宜哦

附加信息：
付款方式：现金　　　报价包括：物品价格　　　发票：普通发票
送货方式：特快专递

出价记录

竞标人姓名：	竞标价格	数量	竞标人所在城市	信誉度	竞标日期
学生2	1000.0	1	西安	★★★	2008-6-24 15:45

我想竞拍：　您的出价不能低于输入框中(1010.0)显示的价格
我要出价：　1010.0　数量：1　　竞拍

图 7.4.3　竞拍页面

在竞拍页面中，显示了商品的起拍价格、竞价阶梯、销售数量以及剩余时间，还有竞拍记录供竞拍者参考，在输入框中输入价格、数量，单击"竞拍"按钮，竞拍信息发送成功。

在这个页面上可以看到该商品拍卖剩余的时间，时间到了以后，系统会自动判断，竞拍价格高于留守价格的竞拍者，系统会选择出价最高的一个竞拍者竞拍成功。

单击"我的档案"按钮可以查看竞拍结果，如图 7.4.4 所示。

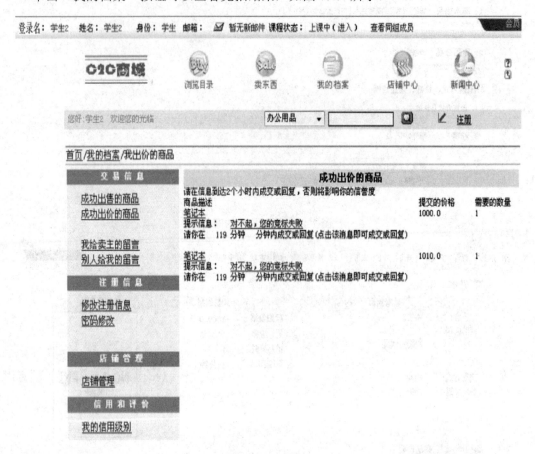

图 7.4.4　我的档案

5. 实验考核

(1) 通过查询日志查看自己实验的完成情况。

(2) 完成实验以后，填写主界面的实验报告并提交给老师，以备老师批阅。

(3) 系统会根据所完成的操作自动进行打分，老师也可以对系统打分结果进行修改。

6. 实验总结

现实中 C2C 拍卖这种交易模式很普遍，可以说是作为个人消费者接触比较多的一种网上交易模式了，而且不止在网上，经常有很多大商场也会对一些商品进行现场拍卖。电子商务的兴起就是得益于网络，所以说网上的 C2C 拍卖会越来越普及。大家可以登录真实的网上环境，比如拍拍网之类的个人交易模式网站，体会一下真实 C2C 拍卖模式的流程，可以发现真实的拍卖对于安全验证、网上交易等这些安全流程做得很到位，这也是网上交易模式的性质所决定的。大家通过这次 C2C 拍卖流程的操作会对 C2C 拍卖模式有一定的了解，可以通过以后更加深入的学习，对中国电子商务交易存在的问题，提出自己的设想，贡献自己的力量。

参 考 文 献

[1]　卞保武. 电子商务概论[M]. 上海：上海交通大学出版社，2015.

[2]　姚国章. 电子商务案例[M]. 北京：北京大学出版社，2002.

[3]　中国就业培训技术指导中心. 电子商务师国家职业资格培训教程(助理电子商务师.国家职业资格三级)[M]. 北京：中央广播电视大学出版社，2005.

[4]　张耀辉. 电子商务实验系统[M]. 重庆：重庆大学出版社，2004.

[5]　王成刚，陈登斌.B2C 电子商务配送系统建设[M]. 长沙：湖南师范大学出版社，2008.

[6]　邵兵家. 电子商务案例教程[M]. 北京：机械工业出版社，2001.

[7]　杨坚争，许勤，杨维新. 电子商务基础与实务[M]. 西安：西安电子科技大学出版社，2001.

[8]　兰宜生. 电子商务基础教程[M]. 北京：清华大学出版社，2003.

[9]　张基温，冯光明，王宁红. 电子商务原理[M]. 北京：电子工业出版社，2002.

[10]　徐汀荣，黄斐. 电子商务原理与技术[M]. 北京：科学出版社，2002.

[11]　张锋. 电子商务与物流[M]. 北京：清华大学出版社，2000.

[12]　祁明. 电子商务实用教程[M]. 北京：高等教育出版社，2000.

[13]　方程. 电子商务概论[M]. 北京：电子工业出版社，2003.

[14]　胡华江，余诗建. 电子商务实务[M]. 北京：北京大学出版社，2007.

[15]　屈武江. 电子商务安全与支付技术[M]. 北京：中国人民大学出版社，2006.

[16]　石道元. 电子商务基础与实训[M]. 上海：上海财经大学出版社，2007.

[17]　于鹏. 电子商务基础(电子商务员级)[M]. 北京：电子工业出版社，2003.

[18]　中国就业培训技术指导中心. 电子商务师国家职业资格培训教程(电子商务师. 国家职业资格二级)[M]. 北京：中央广播电视大学出版社，2006.

[19]　赵林度，李为相，付阶辉. 实用电子商务概论[M]. 北京：人民邮电出版社，2004.

[20]　仲岩，芦阳，李霞. 电子商务实务[M]. 北京：北京大学出版社，2009.